知識ゼロからの
パスタ入門
An introduction to Pasta

ALLA CUCINA DEL SOLE シェフ
伊崎裕之

Tortellini
Lumache
Farfalle
Fettuccine
Penne
Ruote
Risotti

幻冬舎

はじめに

パスタのおいしさを決める最大の要素は、実はゆで汁の塩加減です。

うどんなどと違い、ゆでることで麺自体に味をつくので、ソースの塩加減が適当でも、麺の味がしっかりしていれば、それだけでおいしいパスタになるのです。

パスタ料理とは、パスタをおいしく食べるためのものです。

ですから、具材・ソースはあくまでも引き立て役。

もしお気に入りのイタリア料理店やパスタ店があれば、パスタのゆで汁を味見させてもらい、その塩加減を覚えておくのが、自分の味付けを確立させる近道かもしれません。

それぞれのパスタで、どれくらいのゆで具合が一番おいしいのか、ということを、自分なりに確かめておきましょう。

アッラ・クチーナ・デル・ソーレ
伊崎裕之

知識ゼロからのパスタ入門
CONTENTS

はじめに……1

第1章 シェフ直伝！おいしいパスタの基本……7

基本から個性派まで **パスタ図鑑（乾燥パスタ）**……8
ロングパスタ／ショートパスタ／幅広パスタ／変わり種パスタ

始める前に知っておきたい **パスタ調理 基本の法則7**……12

パスタづくりに持っておきたい **パスタ調理 基本の道具**……14
基本の道具／あると便利な道具

乾燥パスタのゆで方……16
❶ロングパスタのゆで方／❷ショートパスタのゆで方

基本となるソースのつくり方
❶トマトソース……18
❷オイルソース……20
❸クリームソース……21
❹ジェノバソース……22
❺野菜ブロード……23

ロングパスタのレシピ
スパゲッティ アラビアータ……24
（オイルソース＋トマト、赤唐辛子）
スパゲッティ アーリオ オーリオ ペペロンチーノ……26
（オイルソース）
たらのラグー スパゲッティ……28
（オイルソース＋生だら）
ジェノバ風リングイーネ……30
（ジェノバソース＋じゃがいも、さやいんげん）
ブカティーニ アマトリチャーナ……32
（トマトソース＋パンチェッタ）
カペッリーニ ガスパチョ風ソース……34
（ガスパチョ風ソース）

ショートパスタのレシピ

ペンネ トマトとローズマリー、黒こしょうのソース……36
（トマトソース＋ローズマリー、黒こしょう）

フジッリ フレッシュトマトとモッツァレラ、バジリコのソース……38
（トマト、モッツァレラチーズ、バジル）

ファルファッレ 生クリーム、ほうれん草とフレッシュトマトのソース……40
（＋生クリーム、ほうれん草、トマト）

リゾッティ じゃがいものスープ添え……42
（野菜ブロード＋じゃがいも、パルメザンチーズ）

ステリーネのパスタサラダ……44
（＋パプリカ、ワインビネガー）

知っトク！ COLUMN ❶
基本素材の下ごしらえの法則……52
トマト／唐辛子／にんにく／じゃがいも／ブロッコリー／玉ねぎ

幅広パスタのレシピ

フェットチーネ アル フレッド……46
（＋生ハム、生クリーム）

トマトのラザニア……48
（＋トマトソース×クリームソース）

じゃがいものカネロニ……50
（＋トマトソース×クリームソース）

第❷章 生パスタの基本……55

自宅でも作れる！ 生パスタ図鑑……56

生パスタづくりに持っておきたい パスタ調理 基本の道具……58

卵入りパスタをつくる

❶ フェットチーネ……60

❷ ほうれん草のタリオリーニ／そのほかのアレンジ……64

CONTENTS

卵入りパスタのレシピ

フェットチーネ レモンクリームソース …… 66
（＋レモン、生クリーム）

タリオリーニ 魚介のオイルソース …… 68
（オイルソース＋魚介類）

❸ ラビオリ …… 70

❹ パンツァロッティ …… 71

卵入りパスタ（詰め物）のレシピ

ラビオリ クリームとチーズのソース …… 72
（クリームソース＋パルメザンチーズ）

たらとじゃがいものパンツァロッティ シンプルオイルがけ …… 74
（＋パルメザンチーズ）

粉＋水のみでパスタをつくる

● 生地づくり …… 76
❶ ストロッツァプレティ …… 78
❷ コンキリエ …… 79

粉＋水のみのパスタレシピ

ストロッツァプレティ ゴルゴンゾーラクリームソース …… 80
（＋生クリーム、ゴルゴンゾーラチーズ）

コンキリエ ブロッコリーのトマトソース …… 82
（トマトソース＋ブロッコリー）

ニョッキをつくる

❶ じゃがいものニョッキ……84
❷ かぼちゃのニョッキ……86

ニョッキのレシピ

じゃがいものニョッキ トマトクリームソース……88
（トマトソース＋生クリーム）

かぼちゃのニョッキ バジリコバターソース……90
（＋バジル、バター）

知っトク！ COLUMN ❷ パスタにぴったりのイタリアワイン選び……92

第3章 本場イタリアの変わり種パスタ……93

イタリア全土 パスタ＆食材MAP……94

北部のパスタ＆食材……95
中部・サルディーニャ島のパスタ＆食材……96
南部・シチリア島のパスタ＆食材……97

本場イタリアのパスタレシピ

アオスタのピッツォッケリ……98
ローマのパスタ エ ファジョーリ……102
シチリアのブカティーニ コン サルデ……106
ローマのカルボナーラ……100
プーリアのオレキエッテ チーマ ディ ラパ……104
フリッタータ コン パスタ……108

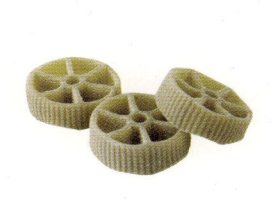

知っトク！ COLUMN ❸ パスタと一緒に食べたいイタリアのパン……110

CONTENTS

第4章 パスタの基礎知識 ……111

パスタに欠かせない食材事典
- トマト ……112
- チーズ ……115
- ハーブ ……113
- 肉・魚 ……116
- そのほかの野菜 ……114
- きのこ・豆類・そのほか ……117

調味料
- オリーブオイル ……118
- ビネガー／塩 ……119

パスタを倍好きになる豆知識
1. パスタはどうして生まれたか ……120
2. 世界に広がるパスタの仲間 ……122
3. 日本に入ってきたパスタ ……124
4. パスタの原料・製造工程 ……126

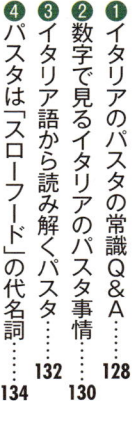

本場イタリアのパスタ事情
1. イタリアのパスタの常識Q&A ……128
2. 数字で見るイタリアのパスタ事情 ……130
3. イタリア語から読み解くパスタ ……132
4. パスタは「スローフード」の代名詞 ……134

- パスタの用語事典 ……136
- イタリアを代表するパスタメーカー一覧 ……140
- 協賛インポーター・メーカー一覧 ……142

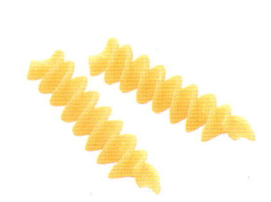

この本の使い方

- 計量単位は大さじ1＝15cc、小さじ1＝5cc、1つまみは2本指＝1g、3本指＝1.5gです。
- パスタのゆで時間は、袋の表示を参考にして、好みの加減にゆでてください。
- 生パスタなどで使用する中力粉は、強力粉：薄力粉を1：1の割合で混合したものでも可。
- オリーブオイルはすべてエクストラ・バージン・オリーブオイルを使用しています。
- ハーブ類はフレッシュハーブを、アンチョビはフィレを、バターは無塩バターを使用しています。
- 保存可能期間は、あくまでも目安です。
- レシピのアイコンは、イタリアの中でもよく作られるエリアを示しています。

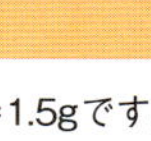

SUD 南部

第1章

シェフ直伝！おいしいパスタの基本

パスタをおいしく食べるには、パスタのゆで方を調整し、
最もベストな状態で食べ始めることと、
パスタ自体を生かすようなソースとの組み合わせを考えることが大事。
まずは、比較的手軽な乾燥パスタから始めましょう。
基本の法則さえマスターすれば、少ない材料と手間だけで、
あっという間においしいパスタのでき上がりです。

基本から個性派まで
パスタ図鑑
（乾燥パスタ）

乾燥パスタとは？

デュラムセモリナ（デュラム小麦をセモリナ＝粗びきしたもの）と水を原料にした生地を成形し、乾燥させたパスタ。工場生産が主流。ロングパスタはコンマミリ単位で太さが変わり、太さごとに名称も変わります。ショートパスタにもさまざまな形状があります。

小麦粉より黄みが強いデュラムセモリナ

日本人にもなじみが深い乾燥パスタ。スパゲッティやペンネなどが一般的です。

ロングパスタ

南イタリアで誕生したひも状のロングパスタ。太さのちがいで名称も変わってきます。

カペッリーニ
0.9mm

極細パスタで、冷製ソースやオイルソースに合う。イタリアにはスープに浮かべたカペッリーニ イン ブロードも。

フェデリーニ
1.4mm

「糸」を意味する、やや細めのパスタ。冷製ソースや、ジェノベーゼなどオイルベースのソースにぴったり。

スパゲッティーニ
1.5mm

スパゲッティよりもやや細めのパスタ。シンプルなトマトソースがベストだが、どっしり系にもあっさり系にも合う。

スパゲッティ
1.6〜1.9mm

「細いひも」を意味する、日本人には最もなじみのあるタイプ。オールマイティに使えるパスタ。

第 1 章 シェフ直伝！おいしいパスタの基本

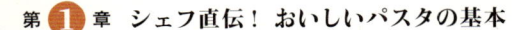

キタッラ

四角い断面が特徴。キタッラ（＝ギター）という弦を張った道具を使い、弦で押し切って作るため、この名に。

リングイーネ
3mm

「小さな舌」を意味し、断面が楕円形になっている。麺が平たいので、ソースののりがよく、濃厚なソースに合う。

ブカティーニ
2～3mm

ブーカ（＝穴）を意味する、穴のあいたパスタ。穴の中にもソースが入り込むため、濃厚なソースもなじみがよい。

パスタの太さとソースの関係

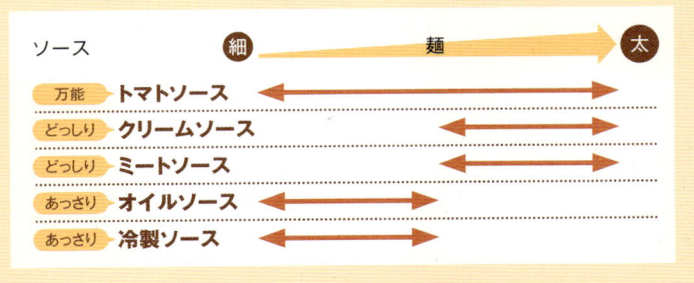

ソース	細 ——— 麺 ——— 太
万能　**トマトソース**	←――――――――――→
どっしり　**クリームソース**	←―――→
どっしり　**ミートソース**	←―――→
あっさり　**オイルソース**	←―――→
あっさり　**冷製ソース**	←――→

パスタの太さとソースの口当たりで、組み合わせが決まります。ソースがからみやすい細い麺は冷製ソースやオイル系などで軽めに。太い麺には、クリームやミート系などの、どっしりとしたものを。トマトソースは比較的何にでも合います。

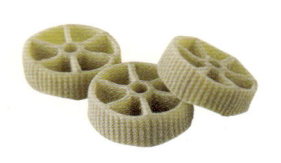

ショートパスタ

多様な形が特徴。わずかに芯が残るくらいを目安にゆでましょう。

ルオータ
ロテッレとも呼ばれる、車輪の形のパスタ。表面積が広いのでソースがよくからむ。写真はほうれん草のルオータ。

ルマーケ
かたつむりの殻の形をしたパスタ。中央の空洞の部分にソースが入り込むため、濃厚なソースもからめやすい。

ペンネ
切り口がペン先のように斜めになった、筒状のパスタ。表面に筋が入ると、ペンネ・リガーテになる。

リゾッティ
米粒の形をしたパスタ。米と同じようにリゾットにするなど、スープやポタージュとからめて食べることが多い。

ファルファッレ
「蝶」を意味する形のパスタ。羽の部分は薄いため、寄せた中心部に芯が残らないようにゆでる。

ステリーネ
小さな星の形をしたパスタ。さっとゆでて冷まし、サラダなどに使用する。もしくはスープの浮き実として使う。

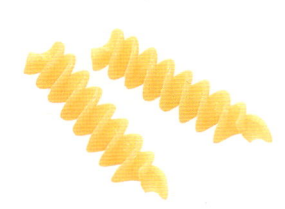

フジッリ
「糸巻き」を意味する、らせん状にねじれたパスタ。らせんの間によくソースがからむ。トマトやミート系のソースに。

コンキリエ
貝殻の形をしたパスタ。ソースにからめるのはもちろん、スープの浮き実にも。サラダに入れるのもおすすめ。

10

第1章 シェフ直伝！ おいしいパスタの基本

ラザニア
板状のパスタ。間にソースをはさみ、オーブンで焼き上げたラザニアが有名。ゆでて具材を巻くとカネロニに。

幅広パスタ
クリームやミートソース、チーズなど、うまみの強いソースによく合います。

フェットチーネ
7〜8mm幅の幅広麺。生地に卵を混ぜ込んだタイプで、ほうれん草などを練り込んだものもある。

パッパルデッレ
フェットチーネよりもさらに幅広の、2〜3cm幅のパスタ。写真はポルチーニを練り込んだもの。

変わり種パスタ
そのほかにも、形や素材にこだわった、さまざまなパスタが存在します。

フィギュリーネ
キャラクターなどの形をかたどったパスタ。子ども用にぴったり。

練り込み麺
トリコロールカラーを彷彿させる、ほうれん草やトマトの練り込み麺が主流。

全粒粉パスタ
小麦の外皮、胚芽、胚乳をすべて粉にした、全粒粉を使用したパスタ。

始める前に知っておきたい

パスタ調理 基本の法則 7

実際にパスタ調理を始める前に、知っておきたい調理の基本の基本を紹介します。

1 材料は「コールドスタート」が鉄則!

オリーブオイルを使う場合は、フライパンに具材を入れてからオイルをかけ、火にかけるのが鉄則。熱してからオイルを入れると、具材が焦げて苦みが出るうえ、オイルの香りがとんでしまいます。

2 パスタのゆで汁は万能調味料

ソースを作る際、具の水分だけではパスタにからみにくい場合などに、お玉1杯ほどのゆで汁を加えるとソースがよくなじみます。また、ゆで汁を加えたソースを煮詰めれば、よりコクが増します。

3 フライパンの中身は、鍋を揺すって撹拌(かくはん)

生のトマトやフレッシュチーズなど、くずれやすいものやつぶしたくないものが入っている場合は、あまりかき混ぜず、鍋を揺すって撹拌します。木べらはつぶしながら炒めていく際に使用。

12

第 ① 章　シェフ直伝！ おいしいパスタの基本

4 オリーブオイルは調理の最後に

オリーブオイルの香りは、ほとんどが加熱中にとんでしまいます。あえてよい香りを残したい場合は、調理の最後に火を止めた後、ソースが入ったフライパンにオイルをまわしかけるようにします。

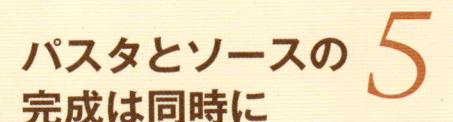

5 パスタとソースの完成は同時に

完成は同時に！

パスタ調理の理想は、パスタのゆで上がりと同時にソースが完成すること。熱々のソースにはゆでたてのパスタがぴったりです。ソースの完成時間を目算し、それに合わせてパスタをゆで始めましょう。

6 野菜類はパスタと一緒にゆでる

下ゆでが必要な野菜は、パスタと一緒にゆでると便利。パスタと野菜が同時にゆで上がるよう、野菜に応じて投入するタイミングを調整しましょう。アクの強いほうれん草などは別にゆでます。

7 ゆでたパスタがくっつくのを防ぐには

ゆでたパスタは時間がたつとくっついてしまいます。すぐに使わない場合は、ざるなどに上げてオリーブオイルをパスタにからめ、表面に油の膜を作って、くっつくのを防止。ただし、パスタはゆでたてが基本なので、このテクニックは最終手段に。

パスタ調理 基本の道具

パスタづくりに持っておきたい

パスタづくりに挑戦する前に、まずはそろえておきたい基本的な道具を確認しておきましょう。

ソース用フライパン

フライパンでソースを作り、ゆでたパスタとあえて完成！

ソースを作り、パスタとあえるのに使用。2人分なら、サイズは直径21〜24cmのものがおすすめ。初心者には、焦げつきにくく、手入れがしやすいフッ素樹脂加工のものが使いやすい。

PASTA テクニック
シェフは熱伝導のよいアルミ製のものを愛用。ソースの色が見やすいというメリットも。

トング類

パスタをつかみ、しなり具合でゆで上がりを判断する。

ゆで加減を見るためにパスタをつかんだり、ソースとからめたパスタを器に盛るときに。菜箸やパスタサーバーよりすべらず、つかみやすい。

パスタ鍋

ロングパスタを沈められるくらいの深さがあるとよい。

鍋と中かごがセットになったパスタ鍋(写真)なら湯きりがラク。なければ深めの寸胴鍋でも。容量2ℓ以上のものを選ぶ。

第1章 シェフ直伝！おいしいパスタの基本

木べら
ソースづくりに。たらなど、鍋の中で魚の身をほぐすのにも使う。なければスプーンなどでも代用。

ミキサー
ジェノバソースなどなめらかな食感に仕上げたいソースに。ガラス製のポットのほうがにおいがつきにくい。

バット
カペッリーニやステリーネなど、ゆでたパスタを広げて冷ましたり、オリーブオイルなどとあえるときに。

チーズおろし
固形のパルメザンチーズをすりおろして使う場合に。にんにくをおろしてもいいがくさみが強まるので注意。

耐熱皿
カネロニやラザニアを作るときに。ラザニアは4〜5cmくらい深さがあるもののほうがつくりやすい。

密閉容器
トマトソースやジェノバソースなどソース類の保存に。長期保存用には煮沸消毒できる耐熱のものがおすすめ。

あると便利な道具

パスタポット
プラスチックやガラス製のパスタ専用保存容器。密閉でき、湿気を防げる。ショートパスタなどは密閉できる空き瓶でも。

パスタスケール
穴にパスタを通すだけで、ゆでるパスタの分量を量ることができる。穴のサイズごとに、1〜4人分のパスタを量れる。

キッチンタイマー
パスタや野菜のゆで時間を計るときに。デジタル表示のものがおすすめ。パスタの味はゆで加減が命なので正確に。

乾燥パスタのゆで方

パスタを極めるための第一歩はここから！ロング、ショートいずれのパスタも各メーカーのゆで時間を目安に引き上げよう。

主な乾燥パスタ

● ロングパスタ
- カペッリーニ
- スパゲッティ
- リングイーネ
- ブカティーニ
- フェットチーネ　など

● ショートパスタ
- ペンネ
- ファルファッレ
- フジッリ
- リゾッティ
- ステリーネ　など

➡ 詳細は **P8-11** 参照

用具
- パスタ鍋（深め・厚手の鍋）
- フォークまたは菜箸など
- ざる

材料 1人分
- パスタ……… 80〜100g
- 塩…… 湯の1.3％量（26g）
- 湯………………………… 2ℓ

❶ ロングパスタのゆで方

1 パスタ鍋に湯を沸かす。ロングパスタの1人分は100gが目安。

2 沸騰しているところに塩を加える。一気に温度が上がるのでふきこぼれに注意。

Point! 塩は湯の1.3％量が目安。海水くらいのしょっぱさ。

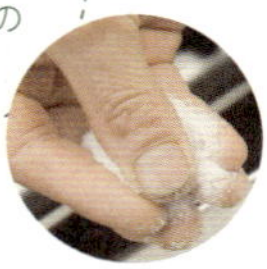

3 塩を加えたらすぐにパスタを入れる。パスタを縦につかんで鍋の上に構え、そのまま手を離す。

Point! パスタはにぎったときの直径が10円玉ほど＝約100g。

4 パスタが放射状にきれいに広がればOK。

第 ① 章 シェフ直伝！おいしいパスタの基本

5 手やフォークで全体を鍋の中に沈め、パスタ同士がくっつかないよう手早くかき混ぜる。

6 再び湯が沸いてきたら火を弱める。ゆで上がりはつやと透明感、しなり具合で判断を。

7 アルデンテの少し手前でざるに上げる。ソースもこのタイミングで完成させるのがベスト。

完成！

「アルデンテ」の見分け方

✗ ゆで足りない　〇 アルデンテ　✗ ゆですぎ

鍋のパスタを1本すくい、しなり具合を見て確認する。全体的に透明感があり、つやが出ていたらアルデンテ。全体がかたくつやがなければ、まだゆで足りない。

「アルデンテ」とは？

アルデンテはイタリア語で「歯ごたえのある」の意味。スパゲッティのゆで上がりを表す言葉で、中心にわずかに芯が残っている状態。

❷ ショートパスタのゆで方

1 パスタ鍋に湯を沸かして塩を加え、ショートパスタを入れる。ショートパスタの1人分は80gが目安。

2 パスタ同士がくっつかないようにフォークなどで手早くかき混ぜる。

完成！

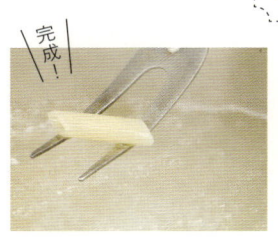

3 透明感が出てきた状態。アルデンテの少し手前でざるに上げる。

「アルデンテ」の見分け方

✗ ゆで足りない　〇 アルデンテ　✗ ゆですぎ

全体に透明感があり、つやが出てきたらゆで上がりの目安。わずかに芯が残っているくらいでよい。

トマトソース

基本となるソースのつくり方 ①

まず覚えたい 定番中の定番ソース

パスタと言えば、やっぱりトマトソース！最初に覚えておきたい、定番のソースです。みじん切りにした玉ねぎをオリーブオイルで炒め、トマトホールを加えて軽く煮込んでつくります。玉ねぎの甘みが加わ

材料 作りやすい分量

トマトホール缶	400g（1缶）
玉ねぎ	中1/4個
オリーブオイル	15cc
塩	2つまみ（2本指で）

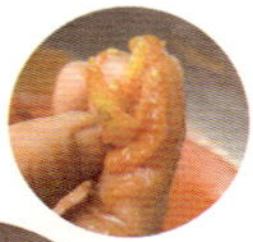

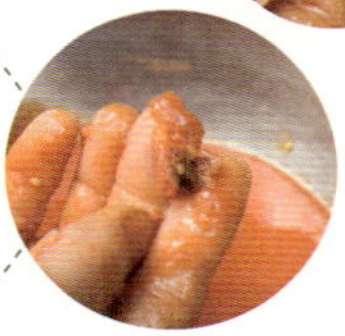

Point!
口当たりよく仕上げるためへたや皮は取り除く。

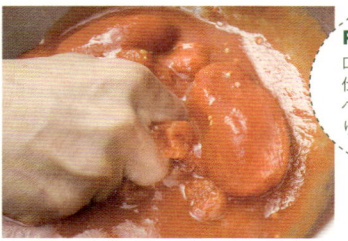

1 ボウルにトマトホール缶を開け、手でトマトをにぎってつぶす。飛び散らないようトマト缶の汁の中でにぎること。

2 玉ねぎを粗みじん切りにする。このあと炒めるのであまり細かくなくてよい（細かすぎると、水分が出てきてしまうため）。

3 オリーブオイルと玉ねぎを鍋に入れ、中火にかける。油の中で玉ねぎを泳がせるように。

第1章 シェフ直伝！ おいしいパスタの基本

るのはもちろん、煮込むことでトマトの酸味が抑えられ、パスタはもちろん、さまざまな料理に応用しやすい味わいに。トマトホール缶をそのまま使うより、味に奥行きが出ます。

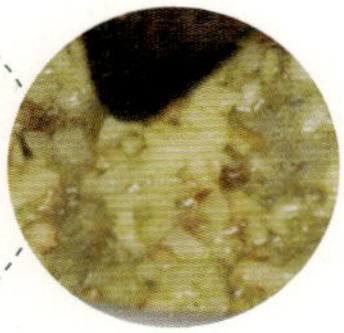

Point!
揚げ炒めにすることで、玉ねぎの甘みを閉じ込める。

4 玉ねぎが半透明になってきたら塩を加えて弱火にし、ときどき木べらで混ぜながら、3分ほど炒める。

5 **1**のトマトを加え、中火で煮る。沸騰したら弱火にし、さらに3分ほど煮る。

6 でき上がり。鍋のまわりについたソースも、木べらでこそげ取るようにして加える。

保存のコツ

常温で約半年保存可能

1 清潔な保存瓶にソースを詰め、ふたを閉めて鍋に入れ、3分の2の高さまで水を注ぐ。

2 鍋を中火にかける。沸騰したら弱火にし、そのまま約10分ほど煮沸する。

常温で保存可。ふたを開けたら冷蔵庫で保存し、1週間ほどで使いきる。

基本となるソースのつくり方 ②

オイルソース

パスタに欠かせないシンプルなソース

にんにくをみじん切りにしてオリーブオイルに香りをうつし、赤唐辛子のピリリとした辛みを効かせました。シンプルなソースながら、ペペロンチーノをはじめ多彩なパスタに応用できる、あると心強い一品です。

材料（作りやすい分量）

オリーブオイル	60cc
にんにく	2かけ
赤唐辛子	2本
塩	小さじ3/4

→ にんにく・唐辛子の下ごしらえの基本はP52〜53参照

1 フライパンに塩以外の材料を入れて、中火にかける。

Point! ときどきフライパンを揺すって全体の温度を均一に。

2 にんにくのまわりがちりちりしてきたら弱火にする。

Point! にんにくは焦げると風味が損なわれてしまうので注意。

3 周囲から茶色く色づいてくる。フライパンを揺すって全体が薄茶色になったら火を止め、塩を加える。

4 余熱で火が入るので、これ以上焦がさないように、でき上がったらボウルに移す。

完成！

保存のコツ

にんにくの香ばしい香りがこのソースの命。日がたつほどに失われてしまうので、できるだけ早めに使いきって。保存は清潔な瓶に入れて。

常温で約3日間保存可能

第 1 章　シェフ直伝！ おいしいパスタの基本

基本となるソースのつくり方 ③ クリームソース

牛乳＋生クリームのリッチな味わい

牛乳と生クリームにバターを加えたリッチな味わい。加熱しすぎず、白くふわふわの状態で火を止めるのが最大のコツです。このソースは保存には不向き。粗熱をとって冷蔵庫で保存し、翌日には使いきること。

材料（作りやすい分量）

牛乳	200cc
バター（食塩不使用）	30g
薄力粉	20g
塩	2つまみ（3本指で）
生クリーム（脂肪分35％）	200g

1 牛乳は約40℃に温めておく。鍋に薄切りにしたバターと薄力粉を入れ、中火にかける。

2 バターが溶けたら弱火にし、粉をふくような感じになるまで木べらで炒めて火を止める。

Point! 炒めすぎると粉が茶色くなってしまうので注意。

3 2を2分ほどおいて冷まし、牛乳を一度に加え混ぜる。

4 全体がなじんだら中火にかけ、木べらで絶えず混ぜながら沸騰させる。

5 塩と生クリームを加え、木べらでよく混ぜ合わせる。

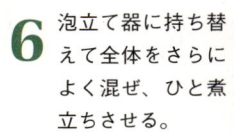

6 泡立て器に持ち替えて全体をさらによく混ぜ、ひと煮立ちさせる。

7 全体がなめらかになったらでき上がり。

完成！

基本となるソースのつくり方 ④ ジェノバソース

余計な熱を加えず色鮮やかに仕上げて

バジルのふくよかな香りに松の実のコクが相まって贅沢なおいしさ。バジルは熱で変色しやすいので、ミキサーポットを事前に冷やしておいたり、撹拌すると後から熱を加えるなど、できるだけ熱を加えない工夫を。

材料 作りやすい分量

- バジルの葉（茎は除く） …… 20g（約2パック分）
- 松の実 …………………… 20g
- オリーブオイル ………… 75cc
- 塩 ……… 2つまみ（3本指で）

1 ミキサーポットとバジル、松の実はあらかじめ冷やしておく。

2 ミキサーに松の実とオリーブオイルを入れて撹拌し、なめらかなペースト状にする。

Point! 全体がなめらかなペースト状になったらでき上がり！

3 バジルと塩を加え、最初は数回、ザッザッと短く撹拌する。

4 ポットの上方に飛んだソースもこそげ取りながらさらに撹拌する。

完成！

保存のコツ

すぐに使うときには 
すぐに使うときも変色しないよう、表面をラップで覆って涼しいところに置く。

冷蔵庫で約1〜2週間保存可能 
空気に触れると酸化して変色してしまうので、上からオリーブオイルを注ぎ密閉容器に入れる。

第 1 章 シェフ直伝！ おいしいパスタの基本

基本となるソースのつくり方 ⑤
野菜ブロード

野菜のへたや芯もおいしいだしに

わざわざ作る、というよりも、下ごしらえのときに出た野菜の切れ端や皮、へたなどを活用するためのレシピです。これだけでも十分に味が出て、和食のだしのように、いろいろな料理に活用できます。

材料（作りやすい分量）

玉ねぎ、トマト、にんじん、ブロッコリー、セロリ、パセリ、キャベツなどの
皮や葉、芯、へたの部分 ………… 適量
水 ……………………… 野菜の重さの4倍量
昆布 ……… 5cm長さのもの1枚（あれば）

1 野菜は無農薬のものが望ましい。トマトと玉ねぎ（茶色い皮の部分は除く）は味が出るので、必ず加えて。

2 すべての材料を鍋に入れ、中火にかける。

3 沸騰したら弱火にして、10分ほどコトコトと煮る。

4 ざるなどでこして、でき上がり。

完成！

保存のコツ
冷凍庫で約1ヵ月保存可能

さらに半量くらいになるまで煮詰め、粗熱をとって製氷器に流し入れる。冷凍庫で凍らせておけば使いたいときに必要な分だけ取り出せて便利。

ロングパスタのレシピ

Spaghetti

SUD
南部

スパゲッティ × オイルソース ＋ トマト、赤唐辛子

スパゲッティ
アラビアータ

あとからじわじわと押し寄せてくる辛みが
くせになる味わいのアラビアータ。
にんにくが効いたオイルソースに
赤唐辛子を2本プラスして、
パンチのある辛さに仕上げています。

1. 赤唐辛子は半割りにして種を取り、さらに縦半分に裂く。スパゲッティをゆで始める。
2. フライパンにオイルソースと赤唐辛子を入れて中火にかけ、ソースのにんにくのまわりがちりちりしてきたら弱火にし、にんにくがきつね色になるまでじっくり炒める。
3. 塩を加え、トマトホールを手でつぶしながら加えてひと煮立ちさせる。ゆで上がったスパゲッティとゆで汁20ccを加え、混ぜながら軽く煮詰める。
4. 火を止めてオリーブオイルをまわし入れ、よく混ぜ合わせる。

● 材料 (2人分)

スパゲッティ（乾麺） …… 200g
オイルソース(P20参照)
………………………………… 大さじ2

赤唐辛子………………………… 2本
トマトホール缶（またはトマトソース
　P18参照）…………… 200g
オリーブオイル ………… 15cc
塩……………… 3つまみ(2本指で)

にんにくが色づいてきたら弱火に。焦がさないよう注意して。

トマトホールを加えてひと煮立ちさせたら、パスタを加える。

PASTA テクニック

赤唐辛子は縦に裂くと辛さが強まる

赤唐辛子は横に小口切りにするより、縦に裂いたほうが辛みが強まる。マイルドな辛さにしたいときは横、アラビアータなど辛みを効かせたい場合は縦と、使い分けるのがおすすめ。

第 ① 章　シェフ直伝！ おいしいパスタの基本

What's アラビアータ？

赤唐辛子を多めに加えたりオイルに味つけをして、辛みを強めたトマトソース。アラビアータとは、イタリア語で「怒りんぼう」の意味。カッカと怒っているように辛いので、この名がついたといわれている。

ロングパスタのレシピ

スパゲッティ
アーリオ オーリオ
ペペロンチーノ

いちばんシンプルなパスタだけれど、
なぜかずっと食べ飽きないおいしさ。
塩けと赤唐辛子のピリッとした辛み、
にんにくの香ばしさが一体となって
いくらでも食べられそう。

Spaghetti × オイルソース

SUD 南部

1 にんにくは底の平らな瓶などでつぶす。赤唐辛子は半割りにして種を取る。スパゲッティをゆで始める(1、2の工程はオイルソースを使用する場合は省略可)。

2 フライパンにオリーブオイル10ccとにんにく、赤唐辛子を入れて中火にかける。にんにくのまわりがちりちりしてきたら弱火にし、フライパンを傾けてオイルににんにくを浸すようにし、香りをじっくりうつす。にんにくがきつね色になってカリッとするまでじっくり加熱する。

3 2(またはオイルソース30cc)に塩を加え、スパゲッティのゆで汁20ccも加え混ぜる。ゆで上がったスパゲッティとゆで汁少々を加え、中火で煮詰めながらよく混ぜる。

4 火を止めて残りのオリーブオイルを加え、よく混ぜ合わせる。

● 材料(2人分)

スパゲッティ(乾麺)	200g

にんにく	1かけ
赤唐辛子	2本
オリーブオイル	30cc
塩	3つまみ(2本指で)

または

オイルソース(P20参照)	30cc
オリーブオイル	10cc
塩	1つまみ(2本指で)

にんにくや赤唐辛子の香りがとばないよう、材料をフライパンに入れてから火にかける。

ゆで汁を加えて油の温度を下げ、にんにくが焦げつかないようにする。

PASTA テクニック にんにくはつぶして使うとラク!

にんにくのみじん切りは意外と面倒。時間がないときは、底面が平らな瓶や鍋、木べらや包丁などでつぶして使うとよい。みじん切りにするよりも辛みやくさみがまろやかになる。

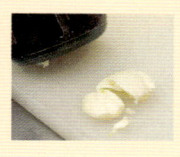

第 1 章 シェフ直伝！ おいしいパスタの基本

What's ペペロンチーノ？

アーリオはにんにく、オーリオはオリーブオイルなどの油、ペペロンチーノは唐辛子を指すとおり、この3つ＋ゆで汁をソースにしたパスタ。あまりのシンプルさゆえ、イタリアでは「絶望のパスタ」と呼ばれる。

ロングパスタのレシピ

Spaghetti

スパゲッティ
×
オイルソース
＋
生だら

SUD
南部

たらのラグー
スパゲッティ

たらを包丁で切らず、つぶしながら炒めることで
長時間煮込まなくても深い味わいに。
ゆで汁を多めに加えたスープ状のソースに
たらのうまみと香りがうつって極上のおいしさです。
たいやすずきなど白身の魚で作っても○。

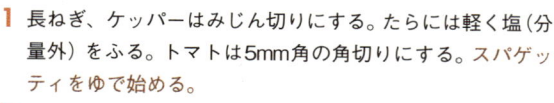

1. 長ねぎ、ケッパーはみじん切りにする。たらには軽く塩（分量外）をふる。トマトは5mm角の角切りにする。スパゲッティをゆで始める。
2. フライパンにオイルソースを入れて中火にかけ、にんにくのまわりがちりちりしてきたら、1のたらとケッパー、長ねぎを加え、木べらでたらをつぶしながら炒める。
3. たらの身がほぐれたらゆで汁50ccと塩を加え、ひと煮立ちしたらトマトも加えて、トマトが少し煮くずれるくらいまで煮る。
4. ゆで上がったスパゲッティを加え、中火で軽く煮詰めながらよく混ぜる。火を止めてオリーブオイルをまわし入れ、よく混ぜ合わせる。

● **材料**(2人分)

スパゲッティ（乾麺） …… 200g
オイルソース(P20参照)
　　　　　　　　　　…… 大さじ1

生だら（皮は除く）………… 50g
トマト …………………… 中1個
長ねぎ …………………… 10cm
ケッパー ………………… 10粒
オリーブオイル ………… 10cc
塩 …………… 2つまみ(2本指で)

煮詰めていくとたらの身がほぐれ、つなぎのような役割に。

生トマトの酸味が味の引き締め役。トマトの形が煮くずれすぎないように注意。

PASTA テクニック
スパゲッティのゆで汁を賢く利用

たらを炒めているフライパンにスパゲッティのゆで汁を加えることで、たらに一気に火を通す。同時に、ソース全体にたらの風味や香りをうつす、という意味合いもある。

28

第 ① 章 シェフ直伝！おいしいパスタの基本

What's ラグー？

ラグーとは、具材を細かく刻んだ煮込み料理のこと。その代表は牛肉や玉ねぎ、にんじんなどを細かく刻んで煮込んだボロネーゼ（ミートソース）だが、ここでは生だらを使って、よりヘルシーに仕上げている。

ロングパスタのレシピ

Linguine

リングイーネ  × ジェノバソース ＋ じゃがいも、さやいんげん

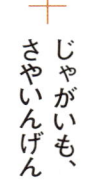

NORD 北部

ジェノバ風リングイーネ

松の実のコクのあるジェノバソースに
さらにチーズのコクが加わり、リッチな味わい。
バジルの香りはとびやすいので、
ソースは加熱せず、混ぜ合わせて仕上げます。
じゃがいも、さやいんげんとの組み合わせも、最強。

1 じゃがいもは皮をむいて5mm角の拍子木切りに、さやいんげんは筋を取り、縦半分に切る。
2 リングイーネをゆで始め、2分たったら1のじゃがいもとさやいんげんを加えて一緒にゆでる。ゆで上がったらざるに上げ、よく水けをきる。
3 ボウルにジェノバソースとオリーブオイル、ゆで汁15ccを入れ、よく混ぜる。
4 3に2のリングイーネと野菜を加え、パルメザンチーズをふりかけてよく混ぜ合わせる。

● **材料**(2人分)

リングイーネ	200g
ジェノバソース(P22参照)	60g
じゃがいも	中1個
さやいんげん	8本
オリーブオイル	10cc
パルメザンチーズ(パウダー)	30g

野菜はリングイーネの細さに合わせて細長く切る。

じゃがいももパスタと一緒にゆでる。煮くずれしやすいので時間差でゆで始める。

PASTA テクニック

バジルの鮮やかな緑がポイント

ジェノバソースのバジルは、熱を加えると香りがとんだり、変色したりするので、加熱せずに仕上げる。また、時間がたつだけでも酸化して変色してしまうので、調理は食べる直前に。

第 1 章 シェフ直伝！おいしいパスタの基本

ロングパスタのレシピ

CENTRO 中部

Bucatini

ブカティーニ × トマトソース ＋ パンチェッタ

ブカティーニ
アマトリチャーナ

パンチェッタの熟成感のあるうまみに、
ペコリーノチーズの力強い味わい。
太く、しっかりとしたブカティーニには
これくらい濃い味わいのソースを合わせるのが
おいしく食べるポイントです。

1. パンチェッタは5mm角の拍子木切りに、玉ねぎは薄切りにする。赤唐辛子は半割りにして種を取る。ブカティーニをゆで始める。
2. フライパンにオリーブオイル20ccとパンチェッタを入れ、中火で炒める。パンチェッタがこんがり色づいてきたら玉ねぎと赤唐辛子を加え、玉ねぎがしんなりするまでさらに炒める。ゆで汁50ccを加え、玉ねぎがやわらかくなるまで煮る。
3. トマトソース（トマトホール缶の場合はトマトを手でつぶしながら）を加えてひと煮立ちさせ、ゆで上がったブカティーニとゆで汁20ccも加え、煮詰めながら混ぜ合わせる。
4. 火を止めてオリーブオイル5ccとペコリーノチーズを加え、よく混ぜ合わせる。

● 材料 (2人分)

ブカティーニ	200g
トマトソース（P18参照、またはトマトホール缶）	60g
パンチェッタ	60g
玉ねぎ	中1/2個
赤唐辛子	1本
オリーブオイル	25cc
ペコリーノチーズ（すりおろし）	20g

パンチェッタが色づいてきたら玉ねぎと赤唐辛子を加える。

ゆで汁を加えることで、玉ねぎに一気に火を通す。

PASTAテクニック
パンチェッタで力強い味わいに

パンチェッタは豚ばら肉を塩漬けにしたもの。その塩けと脂がソースの味わいを決めるので、できればかたまり肉をカットして使用したい。手に入らない場合は、ベーコンやハムで代用。

第①章 シェフ直伝！おいしいパスタの基本

> **What's アマトリチャーナ？**
>
> トマトソースをベースに、パンチェッタや玉ねぎなどを加えたパスタのソース。イタリア中央部にあるアマトリーチェという町が名前の由来。ペコリーノチーズ（ペコリーノ・ロマーノ）を使用するのも特徴。

ロングパスタのレシピ

Capellini

カペッリーニ
＋
ガスパチョ風ソース

SUD
南部

カペッリーニ
ガスパチョ風ソース

日本では冷製パスタが人気のカペッリーニ。
本場イタリアではスープに浮かべるメニューが
一般的なのだそう。ここでは、
さわやかな酸味のガスパチョ風のソースと合わせ
暑い夏にぴったりの涼しげな一品に仕上げました。

1. Aをミキサーに入れ、よく混ぜ合わせる。ガスパチョ風ソースの完成。
2. カペッリーニをゆで始める。表示のゆで時間より20秒ほど早く引き上げ、水けをよくきってバットに広げ、オリーブオイルをまわしかける。冷凍庫（または急速冷蔵室）に入れ、急速に冷ます。
3. 2を取り出してほぐし、器の中央に盛る。1をカペッリーニのまわりに静かに注ぎ、角切りにしたトマトとバジリコの葉をあしらう。仕上げにオリーブオイル少々（分量外）をまわしかける。

● 材料(2人分)

カペッリーニ	120g
オリーブオイル	10cc
A	
トマト（ざく切り）	中1個
赤玉ねぎ	1/10個
きゅうり（皮をむく）	1/2本
パプリカ（赤）	1/4個
塩	4つまみ(2本指で)
オリーブオイル	20cc
トマト	少々
バジルの葉（茎は除く）	2枚

ミキサーで撹拌して、なめらかなソースに。赤玉ねぎがなければ、普通の玉ねぎの芯に近い部分も代用可。

カペッリーニは細くのびやすいので、バットに広げて急速に冷ますこと。

PASTA テクニック

季節ごとに旬の野菜を取り入れて

Aに、好みで青ピーマンやししとうをプラスすると、青々とした風味が加わって、さらに夏らしい味わいになる。赤唐辛子を1〜2本加えて、ピリッと辛みを足すのもおすすめ。

第 **1** 章 シェフ直伝！おいしいパスタの基本

What's ガスパチョ？

トマトの酸味が効いた、冷たい野菜のスープ。トマト、きゅうり、パプリカなどをミキサーにかけてなめらかにし、オリーブオイルを加えて加熱せずに作る。スペイン南部、アンダルシア地方の代表的なメニュー。

ショートパスタのレシピ

Penne

ペンネ × トマトソース ＋ ローズマリー、黒こしょう

ペンネ
トマトとローズマリー、黒こしょうのソース

シンプルなトマトソースに
ローズマリーのフレッシュさが加わって
奥行きのある味わいに。
黒こしょうは、ぜひひきたてを使って。
辛みと香りが、格段に違います。

CENTRO
中部

1 にんにくはみじん切りにする。ローズマリーは葉を摘む。ペンネをゆで始める。
2 フライパンに1のにんにくとオリーブオイル10ccを入れ、中火にかける。にんにくがちりちりしてきたら弱火にし、ローズマリーを加える。
3 にんにくが薄く色づいてきたら塩とトマトソースを加えて混ぜ、中火にしてひと煮立ちさせる。火を止め、ペンネを加える直前に黒こしょうをふる。
4 3にゆで上がったペンネを加えて中火にかけ、ゆで汁20ccも加え、煮詰めながら全体をからめる。
5 火を止めてオリーブオイル10ccを加え混ぜる。器に盛り、あればローズマリーの葉(分量外)をあしらう。

● 材料 (2人分)

ペンネ(乾麺) ……………… 160g
トマトソース(P18参照) … 160g

にんにく ……………… 極小1かけ
オリーブオイル ……………20cc
ローズマリー ……………… 1枝
塩……………… 2つまみ(2本指で)
粗びき黒こしょう ……… 10ふり

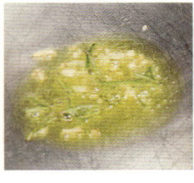

弱火にしてローズマリーを加え、香りを立たせる。

にんにくは薄茶色になればOK。これ以上焦がさないよう注意。

PASTA テクニック
黒こしょうは「香辛料」

黒こしょうは、塩や砂糖などと同様に「調味料」のひとつと捉えられがちだが、調味料ではなく「香辛料」。イタリアでは肉料理に使用することが多く実はパスタにはあまり使用しない。

第 1 章 シェフ直伝！おいしいパスタの基本

ショートパスタのレシピ

フジッリ
フレッシュトマトとモッツァレラ、バジリコのソース

Fusilli

フジッリ
＋
トマト、モッツァレラチーズ、バジル

トマトとモッツァレラチーズ、バジルは
言うまでもなく相性抜群の組み合わせ！
赤、白、緑のイタリアンカラーで
見た目にも楽しいひと皿です。
ソースがよくからむフジッリと合わせて。

SUD
南部

1. トマトは皮を湯むきして8mm角の角切りに、モッツァレラは5mm角に切る。フジッリをゆで始める。
2. フライパンにバター、オリーブオイル、塩、1のトマトを入れ、中火にかける。バターが溶け、トマトもとろけてきたらスプーンで軽く混ぜ、ソース状にする。トマトが完全に煮くずれたら火を止め、バジルの葉を手でちぎって加える。
3. 2にゆで上がったフジッリを加え、中火であえる。
4. トマトの粒がなくなったら火を止め、1のモッツァレラをくっつかないように全体に散らす。パルメザンチーズも加え混ぜ、器に盛り、あればバジルの葉（分量外）をあしらう。

● 材料(2人分)

フジッリ（乾麺）	160g
トマト	中1個
モッツァレラチーズ	20g
バジルの葉（茎は除く）	2枚
バター	10g
オリーブオイル	5cc
塩	3つまみ(2本指で)
パルメザンチーズ（パウダー）	20g

ゆで汁は加えず、トマトから出てくる水分で煮込む。足りないようなら、ゆで汁を少量足しても。

モッツァレラはくっつかないよう、火を止めてから散らして。

PASTAテクニック

トマトは湯むきして口当たりよく

トマトがくずれるまで煮込むソースでは、あらかじめ皮を湯むきしておくと口当たりよく仕上がる。沸騰した湯にトマトを8秒ほどくぐらせると皮がはじけてつるりとむける。

38

第 **1** 章 シェフ直伝！おいしいパスタの基本

ショートパスタのレシピ

Farfalle
ファルファッレ
＋
生クリーム、ほうれん草、トマト

ファルファッレ
生クリーム、ほうれん草とフレッシュトマトのソース

バターとクリームのコクのあるソースに
トマトのフレッシュな酸味。
赤とグリーンの色合いもきれいな一品です。
ファルファッレは、生地が厚くなっている
中央部分のかたさで、ゆで上がりを判断して。

CENTRO
中部

1. ほうれん草は塩（分量外）ゆでし、かたく絞って細かく刻む。トマトは湯むきし、1cm角の角切りにする。ファルファッレをゆで始める。
2. フライパンにバター、生クリーム、塩を入れ、中火にかける。バターが溶け、ひと煮立ちしたら1のほうれん草を加え混ぜる。
3. ゆで上がったファルファッレとゆで汁20ccを加え、全体を手早く混ぜる。
4. 火を止めて1のトマトを加え、パルメザンチーズも加えてさっと混ぜる。

● 材料 (2人分)

ファルファッレ(乾麺) …… 160g

ほうれん草	1/2束(約100g)
トマト	中1/2個
バター	20g
生クリーム	40cc
塩	2つまみ(2本指で)
パルメザンチーズ(パウダー)	20g

ほうれん草は縦に刻んだあと、横にも刻んで細かくする。

トマトは火を止めてから加えることで、彩りを保つ。

第 1 章　シェフ直伝！おいしいパスタの基本

ショートパスタのレシピ

リゾッティ
じゃがいもの
スープ添え

TUTTO ITALIA
イタリア全土

Risotti

リゾッティ  × 野菜ブロード ＋ パルメザンチーズ

じゃがいも、パルメザンチーズ

お米の形の小さなパスタ・リゾッティは
リゾット風にしたり、スープに浮かべて食べる
イタリアでも珍しい種類のパスタです。
とろりと濃厚でクリーミーなじゃがいものスープに
リゾッティのつぶつぶ感が、ユニーク。

1. スープを作る。じゃがいもは皮をむいて薄切りに、玉ねぎ、セロリも薄切りにする。
2. 鍋にオリーブオイルとにんにくを入れて中火にかけ、にんにくのまわりがちりちりしてきたら1の野菜と塩を加えて炒める。玉ねぎがしんなりしたら野菜ブロードを加え、20分ほど弱火で煮る。
3. 2をミキサーにかけ、なめらかになるまで撹拌する。鍋に戻し入れて中火にかけ、生クリームを加える。
4. リゾッティをゆで、水けをきってボウルに入れ、バターとパルメザンチーズを加えてあえる。3のスープとともに器に盛り、パルメザンチーズ（分量外）をふる。

● **材料** (2人分)

リゾッティ	80g
バター	15g
パルメザンチーズ（パウダー）	20g
スープ	
じゃがいも	中2個
玉ねぎ	中1/2個
セロリ	約5cm
オリーブオイル	5cc
塩	4つまみ(2本指で)
にんにく（みじん切り）	少々
野菜ブロード（P23参照、または水）	350cc
生クリーム	10cc

鍋のじゃがいもがやわらかくなったら、ミキサーにかけてなめらかにする。

撹拌後は、生クリームを加えてひと混ぜし、味をととのえる。

PASTAテクニック ミキサーにかけるときは……

スープが熱いうちにミキサーにかける場合はあらかじめミキサーポットを湯で温めておくこと。またはミキサーのふたを少し開けて撹拌するとよい。心配な場合は粗熱をとってから撹拌して。

第 1 章 シェフ直伝！おいしいパスタの基本

ショートパスタのレシピ

Stelline

ステリーネ

＋

パプリカ、ワインビネガー

TUTTO ITALIA
イタリア全土

ステリーネの
パスタサラダ

「小さな星」を意味するステリーネは
その名のとおり、小さな星形のパスタ。
本場でもなかなか出会えない、珍しいパスタです。
パプリカの酢漬けの酸味で、あと味さっぱり。
野菜とともに、サラダ感覚でいただきます。

1. パプリカの酢漬けを作る。Aと100ccの水を鍋に入れ、火にかけてひと煮立ちさせる。パプリカを加えて再び沸いたら火を止め、そのまま冷ます。パプリカを取り出し、水をよくきって5mm角に切る。
2. ツナは油と水をよくきる。パルメザンチーズは薄切りにする。ケッパーはみじん切り、ドライトマトとトマトは5mm角に切る。
3. ステリーネはゆでてから水けをよくきり、バットに広げて冷ます。
4. 1、2、3とオリーブオイルをボウルに合わせ、よく混ぜ合わせる。パルメザンは混ぜ合わせる際に細かくくずす。ルッコラを敷いた器に盛り、薄切りにしたゆで卵、角切りにしたトマト少々（分量外）をあしらう。

● 材料 (2人分)

ステリーネ	120g
A	
パプリカ（赤・黄）	各1/2個
赤ワインビネガー	100cc
ツナ缶	50g
パルメザンチーズ（ブロック）	30g
ケッパー	5g
ドライトマト	3枚
トマト	中1個
オリーブオイル	15cc
ゆで卵	2個
ルッコラなど好みの葉野菜	適量

ステリーネに合わせて、野菜も細かく刻む。

ステリーネは水にさらさず、バットに広げて冷ます。

PASTA テクニック
作り置きが便利なパプリカの酢漬け

パプリカの酢漬けは、できればひと晩漬けると味がよくなじんでおいしい。煮沸消毒した清潔な保存瓶に入れれば冷蔵庫で長期間保存も可能。そのままつまんでもいいので、常備菜にも。

第 **1** 章　シェフ直伝！おいしいパスタの基本

幅広パスタのレシピ

Fettuccine フェットチーネ ＋ 生ハム、生クリーム

フェットチーネ
アル フレッド

フェットチーネに生ハムと生クリームを合わせた
イタリアでは定番のメニュー。
ハムの熟成したうまみがクリームのコクと好相性。
材料をわざわざ買ってきて、というよりも
残りものでチャチャッと作りたい、気軽な一品。

CENTRO
中部

1. フェットチーネをゆで始める。
2. フライパンに生ハム、バター、黒こしょうを入れ、中火にかける。ときどきフライパンを揺すってバターを溶かし、生ハムに火を通す。
3. 生クリームを加え、ひと煮立ちさせる。ゆで上がったフェットチーネとゆで汁10ccも加え混ぜ、煮詰める。
4. とろみが出てきたら火を止め、パルメザンチーズを加え混ぜる。

● **材 料**(2人分)

フェットチーネ（乾麺）	200g
生ハム	20g（大2枚）
バター	10g
粗びき黒こしょう	1ふり
生クリーム	40cc
パルメザンチーズ（パウダー）	5g

生ハムの塩けが
あるので、塩は
加えずに作る。

PASTA テクニック

残りものの生ハムでOK！

このパスタは、残った生ハムや切れ端をおいしく食べるために知っておくと便利なメニュー。ロースハムやボンレスハムなどでも作れるが、その場合もなるべく薄切りのものを使って。

第 1 章 シェフ直伝！おいしいパスタの基本

What's アルフレッド？

「アルフレッド」とは、イタリア語で「フレッドさんの」という意味。このパスタはもともと、ローマ在住のフレッドさんが、食べきれず余っていた生ハムをパスタに混ぜたことから生まれた、といわれている。

幅広パスタのレシピ

Lasagne

NORD 北部

ラザニア × トマトソース × クリームソース

トマトの
ラザニア

たっぷり野菜のトマト煮とクリームソース、
そしてトマトソースの三重奏!
やわらかな中にも角切り野菜の食感があって
食べごたえ十分なひと皿です。
見た目も華やかで、おもてなしにも喜ばれそう。

1. 野菜のトマト煮を作る。なすは皮をむき、5mm角に切る。玉ねぎ、にんじんも5mm角に切る。
2. オリーブオイルとにんにくを鍋に入れ、中火にかける。にんにくのまわりがちりちりしてきたら1の玉ねぎ、にんじんを加え、塩小さじ1/2も加えて木べらで炒める。玉ねぎが透き通ってきたらなすと塩小さじ2/3を加え、さらに炒める。
3. 野菜の水分が出たらトマトソースを加え、10分ほど煮込む。
4. 耐熱皿にトマトソース50gと水100ccを入れ、ラザニアシートを全体の3/4が隠れるくらいに並べ入れる。その上に野菜のトマト煮の1/3量とクリームソースの1/4量をのせ、パルメザンチーズ10gをふる。これを計3回繰り返す。
5. さらにラザニアシートを重ね、最後の段はクリームソース、トマトソースの順に残ったソースをのせる。190℃に予熱したオーブンで60分焼き、パルメザンチーズ(分量外)をふる。15分ほど休ませてから食べやすく切る。

● 材料 (3〜4人分)

ラザニアシート	6枚
クリームソース(P21参照)	400g
トマトソース(P18参照)	100g

野菜のトマト煮

トマトソース	500g
なす	5本
玉ねぎ	小1個
にんじん	5cm
にんにく(みじん切り)	少々
オリーブオイル	15cc
塩	適量
パルメザンチーズ(パウダー)	30g

野菜に火が通り、水分が出てきたらトマトソースを加える。

四隅を埋めるようにクリームソースをのせ、さらにすき間をトマトソースで埋めていく。

PASTA テクニック ラザニアシートは交互に並べて

ラザニアシートは下ゆでなしでそのまま使用してOK。重ねるときは、片側にばかり大きなシートがいかないよう、シートと切れ端を左右交互に並べて。加熱するとふくらむので、少しすき間があってもいい。

第 **1** 章 シェフ直伝！ おいしいパスタの基本

What's ラザニア？

平たい板状のパスタ、またそれをトマトソースやベシャメル、チーズと重ねてオーブンで焼いた料理。イタリアを代表するおふくろの味。

幅広パスタのレシピ

Lasagne
SUD 南部

ラザニア  × トマトソース  × クリームソース

じゃがいもの カネロニ

筒状にくるりと巻かれたパスタの中から
具が現れるのも楽しいカネロニ。
小さな子どもも喜びそうなメニューです。
クリームとトマトのダブルソースで、贅沢な味わいに。
ここではラザニアを筒状に巻いてカネロニに。

1. じゃがいもは皮つきのままやわらかくゆでて皮をむき、木べらで粗くつぶす。プロシュートコット、モッツァレラチーズは5mm角に切る。
2. 具の材料をボウルに合わせ、スプーンで軽くじゃがいもをつぶすように混ぜる。手で直径2.5cmの太さくらいの俵形に軽くにぎる。
3. ラザニアシートはゆでて水にとって冷まし、バットの裏など平らなところに縦長に置く。キッチンペーパーで水けをよく拭き、2の具をのせて手前から筒状に巻く。
4. 耐熱皿にトマトソースの半量を敷き、3を巻き終わりを下にして並べ入れる。上から3が隠れるようにクリームソースをかける。残りのトマトソースもかけ、パルメザンチーズをふり、200℃に予熱したオーブンで15分ほど焼く。

● 材料 (2人分)

ラザニアシート……………… 4枚
クリームソース(P21参照) …200g
トマトソース(P18参照) ……200g

具
| じゃがいも ……………… 中3個
| ジェノバソース(P22参照)
| ………………………………… 10g
| パルメザンチーズ(パウダー)
| ………………………………… 10g
| プロシュートコット(ボンレスハム)
| ………………………………… 20g
| モッツァレラチーズ ……… 10g
| パルメザンチーズ(パウダー)… 20g

じゃがいもをつぶしながら具全体を混ぜて。

先に具を軽くにぎっておくと、ラザニアシートで巻きやすい。

巻き終わりを下にして器に並べ、ソースをかける。

PASTA テクニック シートパスタをゆでるときは……

パスタの「面」同士がくっつかないよう時間差で、またはそれぞれの角度を変えて鍋に入れるとよい。ゆで上がったら平らなところにとり、キッチンペーパーで水けをしっかりとって。

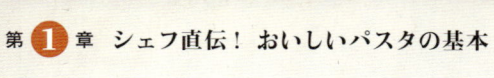

第 **1** 章 シェフ直伝！おいしいパスタの基本

What's カネロニ？

薄くのばしたパスタ生地を四角く切り、野菜やひき肉などの具をのせて筒状に巻き、ソースをかけてオーブンで焼いた料理のこと。また、太い筒状のパスタや、それに詰め物をした料理を指すこともある。

知っトク！
COLUMN ①

基本素材の下ごしらえの法則

ここで紹介するのは、どれもパスタには欠かせない素材たち。下ごしらえのコツを押さえて、ワンランク上のおいしさをめざしましょう！

トマト

イタリアでは、トマトは生食用とソースなどに使う加熱用があり、加熱用は果肉が厚く水分が少ない、洋なし形の「サンマルツァーノ」という品種が代表的です。なめらかな口当たりに仕上げたいときは、湯むきをして、皮を除いて使います。このひと手間がソースをおいしく仕上げるコツなので、面倒くさがらずに！

湯むきする
鍋に湯を沸かし、へたを除いて皮に十字の切り込みを入れたトマトを8秒間入れる。すぐに氷水にとり、ペティナイフなどで皮をむく。

唐辛子

唐辛子はイタリア語で「ペペロンチーノ」。熱帯アメリカが原産で、イタリアではカラブリア州が主な産地です。サイズや形、品種はさまざまですが、家庭では手に入りやすい赤唐辛子を使うのがよいでしょう。中の種は辛みが強いので除いてください。

縦に裂く
横に裂くよりピリリとした辛さが増し、刺激的な味わいに。アラビアータなど、辛みを効かせたいときにおすすめ。

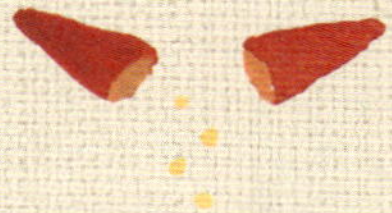

横に裂く
唐辛子は切り方、裂き方によって辛みを調節できる。マイルドな辛さに仕上げたいときは、横に半割りにして使うとよい。

にんにく

肉や魚の生ぐささを消し、料理の味わいをグンと引き立ててくれるにんにく。イタリア全土で栽培され、その香りを楽しむために、さまざまな料理に用いられています。滋養強壮によいとされているほか、におい成分「アリシン」には、新陳代謝を高め、血液循環を促す働きも。

選ぶときは切り口がたく締まって、芽が出ていないもの、大きくて丸みがあるもの、表面が完全に乾燥しているものを。保存は新聞紙などに包んで冷蔵庫のチルドルームへ。1かけずつラップに包んで、冷凍してもOKです。

つぶす

みじん切りや輪切りが面倒なときに。底が平らな瓶や鍋、包丁の腹などでつぶして繊維をこわすと、香味が手早く出ます。

輪切り

薄皮をむいて、横に（繊維と直角に）芯ごと薄く切るのがパスタでは一般的。火を通すとカリッとした食感になります。

みじん切り

❶ 縦に切れ目を入れる

にんにくを縦に置き、包丁の刃先を支点に、刃元（角の部分）を少しずつずらしながら縦に薄く切り込みを入れる。

❷ 横に切り目を入れる

根元を切り離さないように注意しながら、1〜2mm間隔でまな板と平行に、横にも薄く切り込みを入れていく。

❸ 切り目と直角に刻む

にんにくを90度回転させ、切り目と直角方向に薄切りにする。さらに刃元で細かく刻む。

調理のワンポイント

にんにくはゆっくり加熱する

独特の香りを楽しみたいにんにく。低温（室温）からゆっくり加熱して、じっくりとその香りを引き出して。熱した油に加えると焦げやすく、香りも閉じ込められてしまうので、必ず「油とともにフライパンに入れてから」火にかける。

にんにくとオリーブオイルでガーリックオイルに

にんにくのみじん切りを保存瓶に入れ、オリーブオイルを注ぐだけ。半端に残ったにんにくで作っておくといい。炒めものなどに使えるし、オイルはパスタの仕上げの風味づけに。

じゃがいも

じゃがいもを食べる国といえば、イギリスやドイツの印象があるかもしれませんが、イタリアでも焼いたり、ゆでたり、揚げたり、マッシュポテトにしたり……と、実は非常によく食べられています。イタリアのじゃがいも料理といえば、代表的なのがニョッキ。ゆでたじゃがいもをつぶして小麦粉、パルメザンチーズ、塩と混ぜ、あまり練らずにふわりとした口溶けに仕上げます（詳しくはP84参照）。じゃがいもは、急ぐときは電子レンジで加熱してもいいですが、水からゆっくりゆでる基本の方法もぜひ覚えてください。

湯むきする

❸熱いうちに皮をむく
熱いのでキッチンペーパーなどで包み、包丁でむくとよい。

❷ゆだったら水をきる
竹串がスッと通るくらいになればOK。鍋の水をきる。

❶皮ごとゆでる
皮つきのままよく洗い、水からゆでる。沸騰したら弱火に。

玉ねぎ

包丁の入れ方で食感が変わる

▶ 調理のワンポイント
繊維に対して直角に切るのは生食向き。繊維が断ち切られると、加熱したとき水分が出てしまう。

炒めたり煮込んだりする場合は繊維に沿って薄切りに。歯ざわりよく仕上げたい場合はみじん切りに。

ブロッコリー

ゆでる前に軸に十字の切り込みを

▶ 調理のワンポイント
パスタと一緒にゆでると、洗いものが少なくてすむ。塩の力で、色鮮やかにゆで上がるのも◯。

ブロッコリーは小房に分け、熱湯でゆでる。軸に十字の切り込みを入れておくと火の通りがよくなる。

第2章
生パスタの基本

難しそうと敬遠しがちな生パスタ。
しかし、小麦粉と卵、そして水さえあれば、
自宅でも簡単に、もちもちの生パスタができるのです。
生パスタは乾燥パスタと比べて、
ソースの味つけに大きな違いはありませんが、
生パスタの場合はソースや水分がパスタにしみ込みやすいので、
少しうすめの味つけをしたほうがしっくりくるようです。

自宅でも作れる！生パスタ図鑑

生パスタとは？

イタリアの地方ごとに多様な形がある生パスタ。デュラムセモリナではなく、普通の小麦粉に卵や水を加えて作られます。乾燥パスタよりやわらかく、もちもちとした食感が特徴。食材を練り込んだものや詰め物をしたものなど、いろいろな種類があります。

水と小麦粉、卵があれば、意外と簡単に作れる生パスタ。もちもち感にやみつき！

スタンダードな生パスタ　卵入りパスタ

フェットチーネ
卵入りの生地を薄くのばし、約8mm幅に切り分けた平打ち麺。うまみが強いソースによく合う。

タリオリーニ
薄くのばした生地を、2～3mm幅に切り分けた平打ち麺。魚介や生トマトを使った、さっぱりとしたソースに合う。

トルッテリーニ
中に詰め物をして、生地をリング状に丸めたパスタ。詰め物はラビオリなどと同様に。スープの浮き実としても使う。

パンツァロッティ
丸くのばした生地を折り曲げて詰め物を入れた、イタリア版餃子のようなもの。オイルとチーズでシンプルに食べる。

ラビオリ
薄くのばした生地に詰め物を包んだパスタ。チーズや野菜、米やパン粉など、詰め物はバラエティに富む。

第 ❷ 章 生パスタの基本

粉と水で作るパスタ
粉と水だけの、もちもちパスタ

コンキリエ
貝殻状の生パスタ。比較的厚みがあり、もちもちとした歯ごたえがあるので、味のしっかりしたソースに合う。

ひっくり返すと……

オレキエッテ
コンキリエを裏返すと、「耳」という名前のオレキエッテというパスタに。調理手順はコンキリエと同様。

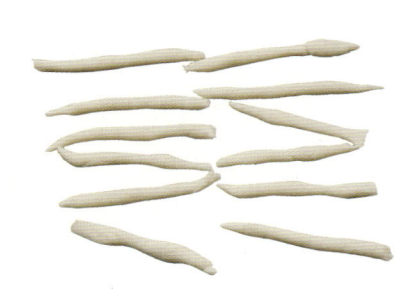

ストロッツァプレティ
両手でよりながら成形するためか、ストロッツァーレ（＝首を絞める）という意味の名前がついたパスタ。どっしりしたソースで。

ダンプリング状のパスタ
ニョッキ

かぼちゃのニョッキ
じゃがいものニョッキ同様、かぼちゃと小麦粉を練って作るパスタ。じゃがいもよりも甘みが強い仕上がりに。

じゃがいものニョッキ
団子状のパスタ、ニョッキの中でも、じゃがいもと小麦粉を練って作る、最もスタンダードなもの。

イタリア北部は生麺、南部は乾麺

南	北
乾麺	生麺
＋	＋
オリーブオイル	バター・生クリーム
＋	＋
魚介類	肉類

← アルデンテが好まれる

乾燥パスタが大量に作られるようになったのは、14世紀頃の南イタリアといわれています。以降、保存が効きソースの種類も多彩なパスタは、イタリアの食卓の常連になりました。現在も、北部は生麺、南部は乾麺が主流。特産品や気候のちがいにより、南北でソースや食材もちがいます。もちもちした生麺はどっしり系、乾麺はあっさり系のソースがよく合います。

パスタ調理 基本の道具

生パスタづくりに持っておきたい

パスタの奥深さに目覚めたら、やっぱり挑戦したいのが手打ちパスタ。こんな道具で作ります。

ローラーの幅（太さ）を調節するダイヤル部分。だんだん幅を狭めて、薄くのばす。

製麺用のカッター部分。カッターはいろいろな太さがあるので、つけ替えて使う。

ローラー部分。ここに生地を何度か通し、ハンドルをまわしながらのばしていく。

パスタマシン

生パスタはめん棒と包丁があれば作れるが、パスタマシンを使うと「生地をのばす」「切る」といった作業がグンとラクになるのも事実。家庭用の小ぶりのものも各種そろう。

パスタマシンがない場合

めん棒で生地をのばす ⟶ 長めの包丁でカットする

縦、横、斜めにめん棒を転がして、全体が均一な厚みになるように。

なるべく刃渡りの長い包丁を使ったほうが、太さがそろいやすい。

58

第 2 章 生パスタの基本

野菜を入れてハンドルをにぎると、簡単に押しつぶせる。

マッシャー

ニョッキ・詰め物パスタなど

ゆでたじゃがいもやかぼちゃをなめらかに、手早くつぶすのにあると便利。なければ、すり鉢を使ったり、ボウルに入れてフォークでつぶしてもOK。

スケッパー

プラスチック製のものが安価でおすすめ。ニョッキをカットするときに。なければ、薄刃の包丁でも代用できる。

ニョッキなど

生地がくっつきにくくカットしやすい。

パイカッター

ラビオリなど

具が中央にくるように切る。波模様が◎。

コロコロ転がすだけでカットできるパイカッターは、ラビオリをひとつずつ切り分けるときに。波刃だと切り口に模様がついて、アクセントに。

ボウル

生地をこねるのに。口が広く、大きめのものが使いやすい。

バット

保存するときは、くっつかないようバットに並べて凍らせる。

計量カップ

卵や水など、パスタ生地に加える水分を量るのに必要。

卵入りパスタをつくる

中力粉に卵と水を加えて練り上げます。ほんのり黄みがかったリッチな味わいのパスタです。

主な卵入りパスタ

フェットチーネ	→ P60
タリオリーニ	→ P64
ラビオリ	→ P70
パンツァロッティ	→ P71
トルッテリーニ	リング状の詰め物パスタ
パッパルデッレ	幅2cmほどの幅広の麺

卵入りパスタ ❶ フェットチーネ

基本の平打ち麺

まずは生地をめん棒でのばし、包丁で切る方法を覚えましょう。フェットチーネは1mm厚さにのばした卵入りの生地を、約8mm幅にカットした麺。トマトやクリームのソースとよく合います。

材料 6〜7人分

- 中力粉 …………… 400g
  （薄力粉200g＋強力粉200g）
- 卵2個＋水 ……… 180cc

● 生地づくり

1 大きめのボウルに中力粉を入れ、手で中央をくぼませる。

Point! 卵2個＋水を合わせ、180ccになるよう計量しておく。

2 フォークで卵白のコシを切るように卵液を混ぜ、1の粉のくぼませた部分に流し入れる。

3 両手の指を広げ、ボウルの底からすくって上下に返すようにしながら、全体を混ぜる。

60

第 ② 章 生パスタの基本

4 すくっては上へ、すくっては上へ……を繰り返し、混ぜる。全体がそぼろ状になればOK。

Point! 繰り返していくうち、全体がボロボロのそぼろ状に。

5 両手でギュッとにぎるようにして生地をまとめ、ひとかたまりにする。ボウルのまわりについた粉もこそげ取る。

6 ボウルの中で20回ほど生地を練る。体重をかけては半分に折り、生地をずらして……を繰り返す。

7 手のつけ根の体重がかかりやすい部分を使うとよい。20回ほど練ったらひとまとめにする。

8 かたく絞ったぬれぶきんかラップをかけ(または軽く霧吹きをしても)、10分休ませる。

9 ふきんを取り、再び20回ほど練って5分休ませ、さらに20回練って5分休ませる。

10 最後にもう一度、手のつけ根を使って体重をかけながら、20回ほど練る。

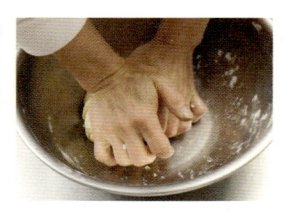

11 表面がきめ細かく、つるっとなめらかになったら完成。ラップでぴったりと包み、冷蔵庫でひと晩休ませる。

生地完成！

Check!

乾燥はいちばんの敵！
休ませる間はもちろん生地を練っている間も、乾燥していると感じたら、霧吹きで水分補給を。

● 成 形

12 生地を6等分し、1人分ずつ取り分けて成形していく（完成した生地の1/6量＝約1人分の分量）。

13 打ち粉（中力粉・分量外）をし、指先で生地を軽くつぶすようにして、平たくのばす。

Point!
中央が厚くなりがちなので注意。表裏を均一にのばす。

14 最初はめん棒で軽く押すようにし、徐々に縦、横、斜めに転がして、均一にのばしていく。

15 生地の上半分をのばしたら上下を返して残り半分をのばし……を繰り返すと、中央も端も均一な薄さになる。

Point!
指のつけ根を使ってめん棒に体重をかけ、均一にのばす。

第 ❷ 章 生パスタの基本

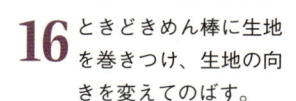

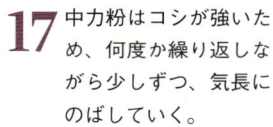

Point!
全体が厚さ1mmくらいになったらでき上がり!

16 ときどきめん棒に生地を巻きつけ、生地の向きを変えてのばす。

17 中力粉はコシが強いため、何度か繰り返しながら少しずつ、気長にのばしていく。

包丁で8mm幅に切り分ける。なるべく刃渡りの長い包丁で一度に切ると、太さがそろう。

18

19 全体に打ち粉（中力粉・分量外）をふって、パスタ同士がくっつかないようにする。

Check!
短い包丁しかないときは
家庭に刃渡りの短い包丁しかない場合は、包丁を引きながら一度に切るのではなく、奥から2～3回に分けて少しずつ切るとよい。そのほうが曲がらずにまっすぐ、太さもそろいやすい。

20
くるりとねじってひと玉ずつまとめれば、でき上がり。生パスタは1人分約100gが目安。

完成!

冷凍庫で約2週間保存可能

保存のコツ
でき上がった麺は、バットにとるか、ラップで包むなどして冷凍庫へ入れれば保存も可能。生地のままとっておくより、成形してからのほうがよい。

卵入りパスタ❷
ほうれん草のタリオリーニ

ゆでてかたく絞ったほうれん草を加えたパスタ。色鮮やかなグリーンも食欲をそそります。タリオリーニのような細麺も、パスタマシンを使えば気軽に挑戦できます。

パスタマシンで簡単に!

材料
6～7人分
- 中力粉 …………… 400g
  （薄力粉200g+強力粉200g）
- ゆでほうれん草約50g+
  卵2個+水 …… 220cc

Check!
❶練り込み麺はほうれん草が◎
練っていくうち、ほうれん草からほどよく水分が出てくるので、初心者でも練りやすい！

❷パスタマシンを使用したい
2～3mm幅に仕上げたいタリオリーニなど、細麺はマシン付属のカッターを使うと便利。

● 生地づくり

1 ほうれん草はさっとゆでてかたく絞り、ざく切りにする。

Point! あとから水分が出てくるのでギュッとかたく絞ること。

Point! ほうれん草と卵2個に水を加えて、220ccにする。

2 量っておいたほうれん草と卵、水をミキサーにかけ、なめらかになるまで撹拌する。

3 ほうれん草の固形分が入るので、ほかのパスタよりも水分量は多めでOK。

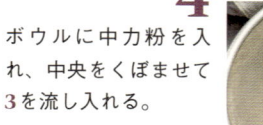

4 ボウルに中力粉を入れ、中央をくぼませて3を流し入れる。

Point! 全体がほろほろのそぼろ状になればOK。

5 両手の指を広げ、ボウルの底からすくっては返し、全体がそぼろ状になるまで混ぜる。

→ 以降は**P61～62**
「フェットチーネ」5～11参照

64

第 2 章　生パスタの基本

● 成 形　パスタマシンを使用

6 生地を取り分け、打ち粉をしてマシンへ。ローラーの幅は最大メモリに。

7 ローラーの幅を少しずつ狭くし、数回マシンにかけたら三つ折りにする。

Point! つまみを調節してローラーの幅を少しずつ狭めていく。

8 生地を90度回転させ、再びローラーの幅を広げてマシンにかける。

9 生地のすべりをよくするため、ときどき全体に打ち粉（中力粉分量外）をしてなじませる。

10 1mm厚さにまでのびたら、包丁で生地を食べやすい長さに切る。

11 製麺用のカッターをマシンにセットして、10の生地をカットする。

12 全体に打ち粉をして軽くほぐし、鳥の巣のようにくるりと丸める。

完成！

トマトピューレ×生パスタ

市販のトマトピューレを使えば、簡単にトマト入りの赤いパスタができ上がり！　トマトピューレ40g＋卵2個＋水を合わせて180ccにし、中力粉400gに加えて混ぜていけばOK。

じゃがいも・かぼちゃ×生パスタ

じゃがいもやかぼちゃは、竹串がスッと通るくらいまでやわらかくゆでるか電子レンジで加熱し、熱いうちにつぶして使う。それぞれ約100g＋卵2個＋水を合わせて210ccにし、中力粉400gに加えて混ぜる。

そのほかのアレンジ

初心者におすすめのほうれん草のほかにも、比較的練り込みやすい食材を紹介します。

離乳食×生パスタ

意外な組み合わせに思えるけれど、ピューレ状になっている離乳食（ベビーフード）は、実はパスタに練り込むのに最適。野菜のペーストなどさまざまな製品があるので、利用してみては？

卵入りパスタのレシピ

Fettuccine フェットチーネ ＋ レモン、生クリーム

フェットチーネ
レモンクリームソース

レモンのさわやかさが口いっぱいに広がって
クリームソースなのに、あと味さっぱり。
生トマトのフレッシュな酸味と
レタスのシャキシャキした食感も、
新鮮なおいしさを生み出しています。

NORD
北部

1. レモンの皮はよく洗って縦にせん切りにする。トマトは5mm角の角切りに、サニーレタスはせん切りにする。フェットチーネをゆで始める。
2. フライパンにバターとレモンの皮を入れて中火にかける。香りが立ったらゆで汁20ccを加えて混ぜ、生クリームも加え、ひと煮立ちさせる。
3. トマトとサニーレタス、ゆで上がったフェットチーネを加え、煮詰めながらよく混ぜる。ゆで汁10ccも加えて混ぜる。
4. 火を止めてパルメザンチーズを加え、よく混ぜ合わせる。

● 材料(2人分)

フェットチーネ	200g
レモンの皮(国産・ノーワックスのもの)	1cm×5cm
バター	20g
生クリーム	50g
トマト	中1/2個
サニーレタス(またはレタス、グリーンカールなど)	2枚
パルメザンチーズ(パウダー)	30g

サニーレタスは食べやすくせん切りに。

ソースがひと煮立ちしたあと、トマトやレタスを加えて。

PASTA テクニック

レモンの代わりにほかの柑橘類でも

レモンがなければ、代わりにほかの柑橘類の皮で代用してもいい。たとえば冬なら、ゆずやたんかんなど、香りの強いものがおすすめ。いずれの場合も国産の、無農薬のものを使って。

第 ② 章 生パスタの基本

卵入りパスタのレシピ

Tagliolini

タリオリーニ × オイルソース ＋ 魚介類

NORD 北部
CENTRO 中部

タリオリーニ
魚介のオイルソース

ほうれん草を練り込んだ緑色のタリオリーニに
たっぷりの魚介が合わさって、見た目も華やか！
シンプルなオイルベースのソースだけれど
さまざまな魚介のうまみが溶け出して、
複雑なおいしさに仕上がっています。

1. やりいかは内臓を取って皮をむき、短冊切りにする。甘えびは胴の殻をむく。ほたては6等分する。
2. フライパンにオイルソースを入れて中火にかける。ソースのにんにくのまわりがちりちりしてきたら弱火にし、薄く色づくまで炒める。1の魚介類と野菜ブロード（またはお湯）を加えてふたをし、魚介類に火を通す。タリオリーニをゆで始める。
3. 魚介類をいったん取り出し、フライパンに煮汁だけを残してゆで上がったタリオリーニを加え、煮詰めながらよく混ぜる。
4. 煮汁がほとんどなくなったら3の魚介類を戻し入れ、ゆで汁15ccも加え混ぜる。火を止めてオリーブオイルをまわし入れ、よく混ぜ合わせる。

● 材料(2人分)

ほうれん草のタリオリーニ
　　　　　　　　　　　　200g
オイルソース(P20参照)
　　　　　　　　　　　　大さじ1

やりいか　　　　　　　　小1ぱい
甘えび　　　　　　　　　4尾
あさり（砂抜き済）　　　10個
ほたて貝柱　　　　　　　2個
オリーブオイル　　　　　10cc
野菜ブロード(P23参照、またはお湯)
　　　　　　　　　　　　50cc

あさりの口が開いたら砂を噛んでいないか確認。

PASTAテクニック　トマトを加えてアレンジ！

3で魚介を取り出したあと、フライパンに残った煮汁に、好みで刻んだトマトやトマトソースをプラスしてもいい。トマトの風味が加わるとシンプルなオイルソースが新鮮な味わいに。

第 2 章　生パスタの基本

具材を包むパスタ

卵入りパスタ（詰め物）❸

ラビオリ

薄くのばした卵入りパスタに、肉やチーズ、野菜などの具を少量ずつのせ、パスタをもう1枚重ねてから四角く切り分けます。シンプルに、パルメザンチーズや軽めのソースをかけるのがおすすめ。

→ 生地づくりはP60～62
「フェットチーネ」1～11参照
→ パスタマシンの使用方法はP65
「タリオリーニ」6～11参照

材料 6～7人分
P60「フェットチーネ」の材料と同様

● 成 形

1 パスタマシンで1mm弱の厚さにのばした生地を、10cm×30cmくらいに2枚切り分ける。2枚を重ね、四辺をパイカッターで切り落とす。

2 絞り出し袋などに具（P73参照）を詰め、1枚の生地の上に間隔をあけながら絞り出していく。

Point!
多すぎると切り分けたときはみ出してしまうので注意。

3 指に少量の水をつけ、具と具の間をなぞってのり代わりにする。

4 端からもう1枚の生地をかぶせ、周囲を軽く押さえる。

5 パイカッターで1個ずつに切り分ける。

6 ひとつずつふちを軽く押さえて2枚の生地を接着する。中の空気を抜くようなイメージで。

完成!

第 ② 章　生パスタの基本

卵入りパスタ（詰め物）❹

パンツァロッティ

餃子のように手で包む

丸くのばした卵入りの生地に具をのせ、半分に折りたたんだ半月形パスタ。まるでイタリア版餃子のような見た目もユニークです。調理の際の味つけはごく控えめにして、具の味わいを生かして。

→ 生地づくりはP60～62
「フェットチーネ」1～11参照

材料 6～7人分
P60「フェットチーネ」の材料と同様

● 成 形

1 生地を1人分（全体の約1/6量）ずつ取り分け、転がして直径3cmほどの棒状にし、端から1.5cm幅に切る。

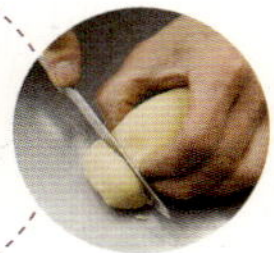

Point! ナイフで端から1.5cm幅に切り分けていく。

2 切り口を上にして置き、ひとつずつ手のひらでつぶして丸く広げる。

3 めん棒を使って均一に丸く広げ、直径約10cm、1mm厚さの円形にととのえる。

Point! 具をのせて半分に折るので、これくらいの薄さを目標に。

4 生地の真ん中より奥側に具（P75参照）を大さじ1くらいのせ、手前から半分に折りたたむ。

Point! とまりにくい場合は、ふちに少量の水をつけてもOK。

5 生地のふちを押さえてとめ、真ん中とふちの生地の厚みが同じくらいになるようにする。

完成！

6 具のまわりを押さえるようにすると、具から出てきた水分で生地がくっつきやすい。

卵入りパスタ(詰め物)のレシピ

Ravioli × クリームソース ＋ パルメザンチーズ

ラビオリ
SUD 南部
クリームソース

ラビオリ
クリームとチーズのソース

ひと口ほおばると、
リコッタチーズのさっぱりとした風味と
かぼちゃのほくほくとした甘みが広がります。
強すぎない、やさしい味わいの具は
クリームソースとも相性抜群です。

1 ラビオリをゆで始める。
2 フライパンにクリームソースを入れて中火にかける。温まったら塩を加え、ゆで上がったラビオリも加えて混ぜる。火を止めてパルメザンチーズを加えて混ぜる。

● **材 料**(2人分)

ラビオリ ………………… 14～16個
クリームソース(P21参照) … 60g

塩 ……………… 1つまみ(2本指で)
パルメザンチーズ(パウダー) … 10g

ソースはすでに火が通っているので温まればOK。

PASTA テクニック
南イタリアの味、リコッタチーズ

具に混ぜ込んだリコッタチーズは、ほんのり甘くさっぱりとした味わいの、南イタリア産のフレッシュチーズ。パスタのほか、そのまま食べたり、サラダやデザートなどにも使われる。

第❷章 生パスタの基本

ラビオリの具のつくり方

1. かぼちゃは皮をむき、5mm厚さに切る。玉ねぎは繊維を断ち切るように薄切りにする。
2. 厚手の鍋に玉ねぎとオリーブオイルを入れ、中火で炒める。玉ねぎがちりちりしてきたら塩と1のかぼちゃを加えてさらに炒める。
3. ひたひたの水を加え、ふたをしてかぼちゃがやわらかくなるまで蒸し煮にする。
4. ふたを取って中弱火にし、水けをしっかりとばすように炒める。
5. マッシャーでつぶしながらボウルに移し、粗熱をとる。パルメザンチーズとリコッタチーズを加えてゴムべらでなめらかに混ぜる。

● 材料(5〜6人分)

かぼちゃ	300g
リコッタチーズ	80g
玉ねぎ	50g
パルメザンチーズ(パウダー)	40g
オリーブオイル	適量
塩	3つまみ(2本指で)

A 火が早く通るよう薄切りに B かぼちゃはなるべく少量の水で蒸す C マッシャーがない場合は、めん棒などでつぶしてなめらかに

卵入りパスタ(詰め物)のレシピ

Panzarotti
パンツァロッティ
＋
パルメザンチーズ

たらとじゃがいもの
パンツァロッティ
シンプルオイルがけ

たらとじゃがいものゴールデンコンビに、
ほんの少しのケッパーが隠し味。
たらの塩けがほどよく、上品な味わいです。
具のおいしさを引き立たせたいから
シンプルに、オイルとチーズだけで食べましょう。

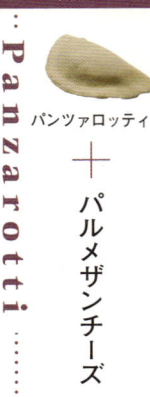

NORD
北部

1 パンツァロッティをゆでる。
2 1がゆで上がったらフライパンに移し、オリーブオイルをまわしかけてサッとからめる。
3 器に盛り、パルメザンチーズをふる。

● 材料(2人分)

パンツァロッティ ………… 10個

オリーブオイル ……………… 15cc
パルメザンチーズ(パウダー) …… 5g

オリーブオイルをさっとからめるだけでいい。

PASTA テクニック

**ケッパーが
なかったら……**

具の隠し味・ケッパーは、フウチョウボクのつぼみを塩漬けまたは酢漬けにしたもの。なければ、たらと相性のよいレモンの皮のすりおろしや辛みのあるゆずこしょう、山椒などを加えても。

第 ② 章 生パスタの基本

パンツァロッティの具のつくり方

1. じゃがいもは皮つきのまま、竹串がスッと通るくらいまでやわらかくゆでる。熱いうちに皮をむき、5mm厚さに切る。
2. 長ねぎとケッパーはみじん切りにする。たらは皮を除いて5mm厚さに切る。
3. 鍋にオリーブオイルと2の長ねぎを入れ、中火で炒めて塩を加える。
4. 3に2のたらを加えて木べらで炒め合わせ、たらの色が白くなったらひたひたの水を加える。水けをとばすようにして煮て、たらに火が通り、水けがほとんどなくなったら火を止める。
5. 2のケッパーを加えて混ぜ、木べらでたらの身をほぐす。1のじゃがいもも加え、つぶしながら混ぜる。
6. オリーブオイルをまわし入れ、木べらで練るようにしてよく混ぜる。バットなどに移し、粗熱をとる。

● **材料**(5〜6人分)

塩だら	100g
じゃがいも	200g
長ねぎ	10cm
ケッパー	5g
塩	2つまみ(2本指で)
オリーブオイル	30cc

Aたらの塩けがあるので、塩は控えめくらいがちょうどいい **B**オリーブオイルはつなぎの役割。粘りが出るくらいまでよく練って

粉＋水のみでパスタをつくる

中力粉に水を加えて練るいちばんシンプルなパスタ。強いコシが持ち味です。

> **主な粉と水のみでつくるパスタ**
> ストロッツァプレティ …………… ➡ P78
> コンキリエ ………………………… ➡ P79
> オレキエッテ ………… 比較的厚みのある丸い形のパスタ
> ピチ ………………… 細長い形のトスカーナ地方のパスタ
> トロフィエ ……… 3〜4cm長さのリグーリア地方のパスタ

●生地づくり

材料 6〜7人分
中力粉 ……… 400g
（薄力粉200g＋強力粉200g）
水 …………… 180cc

1 大きめのボウルに中力粉を入れ、中央をくぼませて水を流し入れる。

2 両手の指を広げ、ボウルの底から粉をすくって上下に返すようにし、全体を混ぜる。

3 すくっては上へ、すくっては上へ……を繰り返し、そぼろ状になるまで混ぜる。

Point! 水けがなくなり、全体がボロボロのそぼろ状に。

4 両手でギュッとにぎるようにして生地をまとめ、ひとかたまりにする。

Point! ボウルのまわりについた生地も、きれいにこそげとる。

76

第 ② 章 生パスタの基本

5 ボウルの中で20回ほど練る。体重をかけては半分に折り、生地をずらして……を繰り返す。

6 手のつけ根の体重がかかりやすい部分を使うとよい。20回ほど練ったらひとまとめにする。

7 かたく絞ったぬれぶきんかラップをかけ（または軽く霧吹きをしても）、10分休ませる。

8 ふきんを取り、再び20回ほど練って5分休ませ、さらに20回練って5分休ませる。

9 最後にもう一度、手のつけ根を使って体重をかけながら、20回ほど練る。

生地完成！

10 表面がきめ細かく、つるっとなめらかになったら完成。ラップでぴったりと包み、冷蔵庫でひと晩休ませる。

手だけで成形する

粉＋水のみのパスタ ①
ストロッツァプレティ

「首を絞める」の意味を持つストロッツァーレが語源。両手で生地を細くよりながら成形することからこの名がついたといわれています。トマト系ラグーやクリーム系の、どっしりしたソースと好相性。

→ 生地づくりはP76〜77参照

● 成 形

1 冷蔵庫から生地を取り出し、手で軽く押さえて適度な大きさにのばす。

2 必要量（のばしやすい量）を切り分ける。残りの生地は乾燥しないようラップをしておく。

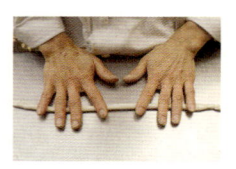

3 両手のひらと指先を使って生地を台の上で転がし、細長くのばす。

Point! 直径3mmくらいになるように、細くよっていく。

4 端から少しねじって、両手のひらでよりながら、細くのばす。

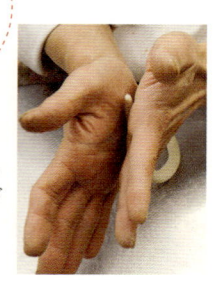

5 長さ5cmくらいになるようにそろえてちぎっていく。これを繰り返す。

Point! この長さが目安。くっつかないよう打ち粉をする。

6 冷凍する場合はバットに並べたままラップをして。凍ったらフリーザーバッグに移す。

完成！

78

第 2 章 生パスタの基本

手とナイフで成形する

粉＋水のみのパスタ ②
コンキリエ

「貝殻」を表す名前のとおり、貝殻の形のパスタです。コクのあるミートソースや、トマトソースとからめていただくのがおすすめ。くるりと裏返すと、なんとオレキエッテになります。

→ 生地づくりはP76～77参照

● 成 形

1 必要量（のばしやすい量）を切り分ける。残りの生地は乾燥しないようラップをしておく。

2 両手のひらと指先を使って生地を台の上でコロコロと転がし、細長くのばす。

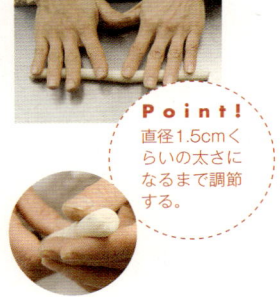

Point!
直径1.5cmくらいの太さになるまで調節する。

3 端からナイフで1cm弱の幅に切る。生地が乾燥しないよう、まだ切らない部分にはぬれぶきんをかぶせる。

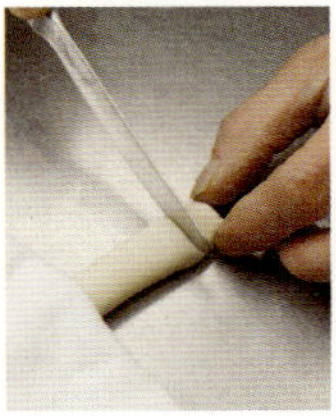

4 切り口を上に向けて置き、食事用のテーブルナイフで上からつぶす。

完成！

5 そのまま手前に引くようにして丸めながらのばす。のばすときに生地が切れやすいので注意。

「アルデンテ」の見分け方

白っぽかった生地に透明感が出てきたらゆで上がりのサイン。ストロッツァプレティは7分、コンキリエは8分が目安だが時間より見た目と食感で判断を。

保存のコツ

冷凍庫で約10日間保存可能

バットに並べて冷凍庫に入れ、完全に凍ったらフリーザーバッグに1人分ずつ小分けにして再び冷凍する。冷蔵の場合は2日ほどで食べきること。

粉＋水のみのパスタレシピ

ストロッツァプレティ
ゴルゴンゾーラクリームソース

ゴルゴンゾーラ独特の風味と濃厚なうまみにトマトのフレッシュな酸味が絶妙。
ついついワインがすすんでしまう一品です。
水だけで練り上げたストロッツァプレティは
コシが強く、もちもちっとした食感が身上。

Strozzapreti ＋ ストロッツァプレティ 生クリーム、ゴルゴンゾーラチーズ

NORD 北部

1. ストロッツァプレティをゆで始める。トマトは皮を湯むきし、1cm角の角切りにする。
2. フライパンに、生クリーム、ゴルゴンゾーラ、バターを入れ、中火にかける。ときどきフライパンを揺すりながら全体をからめ、バターとゴルゴンゾーラが溶けたら1のトマトを加える。
3. ゆで上がったストロッツァプレティを加え、中弱火でからめる。
4. 火を止めてパルメザンチーズを加え混ぜる。

● **材料**(2人分)

ストロッツァプレティ	180g
生クリーム	50cc
ゴルゴンゾーラチーズ	20g
バター	20g
トマト	小1/2個
パルメザンチーズ(パウダー)	20g

バターとゴルゴンゾーラが溶けきったところにトマトを加える。

PASTA テクニック

ゴルゴンゾーラは生クリームでのばす

世界3大ブルーチーズのひとつ、ゴルゴンゾーラは、クリーミーな味わいとピリッとした刺激が持ち味。パスタソースには生クリームでのばしてなめらかに。ナッツ類ともよく合います。

第 2 章 生パスタの基本

粉+水のみのパスタレシピ

コンキリエ ブロッコリーの トマトソース

Conchiglie
SUD 南部

コンキリエ
×
トマトソース
＋
ブロッコリー

やわらかくゆでたブロッコリーのつぶつぶが
トマトソースと溶け合って美味！
貝殻の形のコンキリエに、
やさしい味わいのソースがよくからみます。
好みでにんにくを効かせるのもおすすめ。

1 コンキリエをゆで始める。
2 ブロッコリーは小房に分け、軸の部分に十字に切り込みを入れる。1の鍋に加え、コンキリエとともに5〜6分ゆでる。
3 フライパンにトマトソース、オリーブオイル5cc、塩を入れ、中火にかける。
4 3にゆで上がったコンキリエとブロッコリーを加え、ゆで汁10ccも加えて全体を混ぜる。フライパンを揺すりながらブロッコリーをつぶし、全体にからめる。
5 火を止めてオリーブオイル5ccを加え混ぜ盛る。

● 材料(2人分)

コンキリエ	180g
トマトソース(P18参照)	**150g**
ブロッコリー	1/6株
オリーブオイル	10cc
塩	少々

軸の太い部分に切り込みを入れ、火を通りやすく。

香りがとばないよう、火を止めてからオリーブオイルを加える。

PASTA テクニック 野菜はパスタと一緒にゆでる

下ゆでが必要な野菜は、パスタとともにゆでると便利。洗いものも少なくてすむ。それぞれゆで時間が異なるのでゆで上がりの時間から逆算して鍋に入れ、一緒にざるに引き上げる。

第 ② 章 生パスタの基本

ニョッキをつくる

じゃがいもと小麦粉を混ぜて作るニョッキ。成形も比較的カンタンなので、初心者でも気軽に挑戦しやすいパスタです。

主なニョッキ	
じゃがいものニョッキ	→ 本頁
かぼちゃのニョッキ	→ P86
ほうれん草のニョッキ	ほうれん草を練り込んだニョッキ
小麦粉のニョッキ	ひき割り粉でつくるローマのニョッキ

ニョッキ❶ じゃがいものニョッキ

ニョッキの基本

口に入れた瞬間、ふわっとほどけるのがニョッキの持ち味。練りすぎるとグルテンの作用でコシのある生地になってしまうので、じゃがいもの粒に小麦粉をまぶすイメージで、ふわりと混ぜます。

材料（作りやすい分量）
- じゃがいも（男爵）……………… 500g
- A
  - 中力粉 …………………………… 180g
    （薄力粉90g＋強力粉90g）
  - パルメザンチーズ（パウダー） 大さじ2
  - 塩 …………… 3つまみ（2本指で）

● 生地づくり

Check! 電子レンジで加熱してもOK
じゃがいもは洗って、水けがついたままラップに包み、電子レンジで加熱してやわらかくしてもいい。

1 じゃがいもは皮つきのままかぶるくらいの水とともに鍋に入れ、竹串がスッと通るくらいまでやわらかくゆでる。
→ じゃがいもの下ごしらえの基本はP54参照

2 1のじゃがいもの水けをきって熱いうちに皮をむき、マッシャーなどで手早くつぶす。

第 ② 章　生パスタの基本

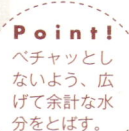

3 大きめのボウルに**2**を入れ、ゴムべらで軽くならす。全体にまんべんなくAをふる。

Point! ベチャッとしないよう、広げて余計な水分をとばす。

Point! あまり練らず、じゃがいもに粉をまぶすように混ぜる！

4 手の指を広げ、ボウルの底から全体をすくって上下に返すように混ぜ、そぼろ状にする。

5 そぼろ状の生地をまとめ、ひとかたまりにする。

Point! 両手でギュッとにぎるようにするとまとまりやすい。

生地完成

6 ニョッキの生地のでき上がり。ラップをして10分ほど休ませてから成形する。まだ温かい場合はラップに少しすき間を空けておく。

●成 形

7 ナイフで必要量を切り分ける（6等分くらいに切り分けて、少しずつ成形すると作業しやすい）。

8 台と生地に打ち粉（中力粉・分量外）をする。

9 ひとつずつ両手で転がしてのばし、直径1cm、長さ30cmの棒状にする。

10 スケッパーなどでひと口大に切り分ける。斜め切りにするとよい。

Check!
スケッパーがなければ
スケッパー（プラスチックカード）がなければ、ナイフや包丁などに打ち粉をして切ってもいい。なるべく薄刃のものを使ったほうが、生地がくっつかずきれいに切れる。

11 ニョッキ同士がくっつかないよう、全体に軽く打ち粉（中力粉・分量外）をふってでき上がり。

完成！

ニョッキ❷
かぼちゃのニョッキ

鮮やかなオレンジ色が食欲をそそります。かぼちゃは、じゃがいもに比べて水分量が多いので、粉を少し多めの配合にして仕上げます。水分と粉のバランスが難しいので、慣れないうちはじゃがいものニョッキから挑戦してみて。

鮮やかな色と甘みがポイント！

材料 作りやすい分量

| かぼちゃ | 400g（皮つき・約1/3個） |

A
中力粉	120g
パルメザンチーズ（パウダー）	60g
塩	3つまみ（2本指で）

●生地づくり

1 かぼちゃは皮をむいて5mm厚さの薄切りにする。

2 厚手の鍋に入れて中火弱にかけ、お玉1杯分の水を加えてふたをし、蒸し煮にする。

Check!
少量の水で蒸し煮に
少ない水分で、かぼちゃの水けをとばすと甘みが残る。蒸気の逃げない厚手の鍋を使って。

第 ② 章 生パスタの基本

3 竹串がスッと通るようになったらふたを取る。

4 ゴムべらで切るようにしながら炒め、かぼちゃの水分をとばして粉ふきの状態にする。

5 ボウルに移し、Aをふって両手ですくい混ぜる。そぼろ状になったら両手でギュッとにぎってひとかたまりにし、生地をまとめる。

Point!
じゃがいもより水分量が多いので、粉の分量は多めに。

生地完成！

6 ラップをして10分ほど休ませてから成形する。まだ温かい場合はラップに少しすき間を空けておく。

→ 以降はP85〜86「じゃがいものニョッキ」の「成形」参照

ニョッキのおいしいゆで方

ニョッキのゆで時間は30〜40秒くらいが目安。じゃがいもにはすでに火が通っているので、全体を温めるイメージで。沸騰した湯に静かに入れ、浮き上がってきたら中まで温まったサイン。ざるにあけるとニョッキ同士がくっついてしまうので、網じゃくしなどですくって。

保存のコツ

冷凍庫で約10日間保存可能

1人分ずつフリーザーバッグに入れて冷凍庫で保存する。または、まとめてゆでてから小分けにし、冷凍しても。冷蔵の場合は2日ほどで食べきる。

ニョッキのレシピ

じゃがいもの ニョッキ
トマトクリームソース

CENTRO 中部

Gnocchi di Patate

じゃがいもの ニョッキ × トマトソース ＋ 生クリーム

ローマでは「木曜日はニョッキの日」といわれ
親しまれているニョッキ。
じゃがいものやさしい味わいに
まろやかな酸味と上品なコクの
トマトクリームソースがからんで、絶品！

1 ニョッキをゆで始める。
2 フライパンにトマトソース、生クリーム、バター、塩を入れ、中火にかける。
3 バターが溶け、まわりがふつふつと沸いてきたらスプーンで混ぜて（フライパンを揺すってもよい）、全体の温度を均一にする。
4 ゆで上がったニョッキを加え、中火でからめる。
5 火を止めてパルメザンチーズを加え混ぜる。

● **材料**（2人分）

じゃがいものニョッキ ……… 300g
トマトソース（P18参照） …… 80g

生クリーム ……………………… 60cc
バター …………………………… 20g
塩 ………………… 2つまみ（2本指で）
パルメザンチーズ（パウダー）… 20g

スプーンなどでよく混ぜることで、ソース全体の温度を均一にする。

PASTA テクニック

ニョッキは シンプルなソースで

口に入れたときのとろけるような食感を楽しんでほしいので、ニョッキに合わせるソースには具材はあまり加えずなるべくシンプルに仕上げて。トマトソースやジェノバソースもよく合う。

第 2 章 生パスタの基本

ニョッキのレシピ

NORD
北部

かぼちゃの
ニョッキ
＋
バジル、
バター

Gnocchi di Zucca

かぼちゃのニョッキ
バジリコバターソース

かぼちゃの甘みに、バターのコク、
そしてバジル（バジリコ）のさわやかさが広がります。
バジルの香りをじっくりソースにうつしたいから
材料をフライパンに入れてから、火にかけて。
熱したところに加えると、香りがとんでしまいます。

1 ニョッキをゆで始める。
2 フライパンにバター、オリーブオイル、塩、小さくちぎった
バジルの葉を入れ、中火にかける。
3 フライパンをときどき揺すってバターを溶かし、香りが
立ったら火を止め、ゆで汁20ccを加え混ぜる。
4 3にゆで上がったニョッキを加え、弱火でからめる。
5 火を止めてパルメザンチーズを加え混ぜ、器に盛り、あれ
ばバジルの葉（分量外）をあしらう。

● 材 料 (2人分)

かぼちゃのニョッキ	300g
バジルの葉（茎は除く）	2枚
バター	20g
オリーブオイル	5cc
塩	2つまみ（2本指で）
パルメザンチーズ（パウダー）	20g

バジルの葉はちぎって香りを立たせる。

常温からゆっくり加熱することで、ソースにハーブの香りがうつる。

90

第 ❷ 章　生パスタの基本

パスタにぴったりの イタリアワイン選び

知っトク！COLUMN 2

食材の宝庫イタリアでは、ワインの種類も星の数ほど。定番ワインを一例だけですが紹介します。

```
   DOCG
   DOC
   IGT
   VdT
```

イタリアワインの品質分類

DOCG…保証付き原産地統制名称ワイン
DOCよりさらに厳しい基準を満たしたワイン

DOC…原産地統制名称ワイン
法律で決められた品種や原産地、製法などの基準を満たしたワイン

IGT…地理的生産地表示ワイン
州や県など、生産地域を限定したテーブルワイン

VdT…テーブルワイン
DOC申請をしない国内産テーブルワイン

イタリアは、ぶどう栽培に適した気候で、国内20州のすべてでワインを生産しています。パスタに合わせるなら、すっきりとした辛口の、微発泡ワインが安心です。また、どっしりとした肉系などのソースには、北イタリア産の、重めの赤ワインを選ぶとよいでしょう。

一般的なパスタに合うワイン

赤 ランブルスコ・スクーロ ノストラーノ
〈エミリア・ロマーニャ州〉
ランブルスコ種のぶどうを使った、赤のスパークリングワイン。肉汁などの汁けが多く、味のしっかりとした料理に。

白 ベッレンダ プロセッコ・ヴァルドッビアーデネ・ブリュット
〈ヴェネト州〉
ヴェネト州特産のぶどう、プロセッコ種でつくったスプマンテ。華やかな香りが特徴。

濃厚なソースのパスタに合うワイン

ヨーリオ モンテプルチアーノ・ダブルッツォ
〈マルケ州〉
モンテプルチアーノ種のぶどうを使用。フルーティでバランスのとれた落ち着いた味わい。

フォンタナフレッダ バルベーラ・ダルバ
〈ピエモンテ州〉
フレッシュな酸味が特徴のバルベーラ。ほんのりスパイシーな香りで果実味がある。

イタリアの2大ワイン産地

ピエモンテ州
世界の中でも最高のワイン産地のひとつ。すっきりとした味わいのバルベーラや、最高級のワイン、バローロなどが有名。

ジュゼッペ・リナルディ バローロ・ブルナーテ・レ・コステ
バランスがよく力強い味わい。

トスカーナ州
日本でもよく知られているキャンティの産地。栽培地域は州全域なので、味わいにはかなりの差がある。

ヴィッラ・ローザ キャンティ・クラッシィコ・リゼルヴァ
スムーズな口当たりで肉料理などにも合う。

第3章
本場イタリアの変わり種パスタ

日本ではあまりなじみがなくても、イタリアでは定番として
日々の食卓にのぼるパスタレシピがあります。
そんなパスタは、本格的に見えて実は複雑な手順はあまりなく、
スーパーマーケットでも購入できる材料で
つくられている場合も多いのです。
本場イタリアでのパスタの味わいを、
あなたのキッチンで再現してみませんか。

イタリア全土 パスタ&食材MAP

北は生パスタ、南は乾燥パスタが主流。アルデンテは北上するほど、やわらかめになっていきます。

北部

アルプス山脈に隣接する平野部で、牛肉やバター・乳製品を使った濃厚な料理が多いのが特徴です。小麦や米などの穀物も大量に収穫され、生パスタが主流。

サルディーニャ島

ぼらのカラスミや羊の乳のペコリーノチーズなど、独自の食文化を持っている島。

中部

内陸で放牧される羊の畜産物や豆類、特産のトリュフなどを使用した地方独特のパスタが数多くあります。オリーブ栽培や、ワインの製造もさかんです。

シチリア島

特産のレモンが有名。いわしなど、新鮮な魚介類を使ったパスタがおいしい。

南部

南部は乾燥パスタ発祥の地。トマトソースでおなじみのサンマルツァーノの栽培も行われ、野菜やオリーブオイル、魚介類をベースにしたパスタが主流です。

地図記載地名: AOSTA / MILANO / GENOVA / NORD / BOLOGNA / FIRENZE / CENTRO / ROMA / NAPOLI / SUD

北部のパスタ&食材

小麦がよくとれる穀倉地帯なので、パスタの基本は生パスタ。酪農もさかんで、ベースのソースには生パスタに合う、主にバターやチーズなどの乳製品が使われ、濃厚でどっしりしたものが多いようです。

ヴァッレダオスタ州
Valle d' Aosta

州内の大半が山岳地帯。アルプスで育つ牛から作られた特産品のフォンティーナチーズは独特の香りが特徴で、パスタにも使われる。

アオスタの ピッツォッケリ
アオスタの特産品のそば粉を使ったパスタ
→ レシピ P98参照

ロンバルディア州
Lombardia

州都は大都市ミラノで、経済的に最も豊かな州のひとつ。サフラン入りのミラノ風リゾットやパスタも有名。

ピエモンテ州
Piemonte

アルプス山麓にある州。トリュフやポルチーニなど多くの特産品があり、独特なパスタも多い。

©COMUNE DI TORINO
詰め物パスタ・アニョロッティー

シートパスタに型押しをしたコルゼッティ

リグーリア州　Liguria

バジルの栽培もさかんで、ジェノバペースト発祥の地。ムール貝など海産物のパスタも美味。

バジルをたっぷり使用したジェノベーゼ

トレンティーノ・アルト・アディジェ州
Trentino-Alto Adige

国境が近いオーストリア文化が発展する。パスタはあまり食べず、小麦粉で作ったニョッキが主流。

フリウリ・ヴェネツィア・ジューリア州
Friuli-Venezia Giulia

国境の付近にあり、諸外国から食文化の影響を受けている。サン・ダニエーレの生ハムの産地。

エミリア・ロマーニャ州
Emilia Romagna

パルマの生ハムやパルミジャーノ・レッジャーノなど特産品が多数。卵入りの生パスタが主流で、タリアテッレやラザニア、トルテッリーニなどの発祥の地。

「ボローニャ風ラザニア」はミートソースを使用

ヴェネト州
Veneto

州都ヴェネチアでは、新鮮な海産物のおいしさを生かした、ボンゴレやいかすみのパスタなど、シーフードパスタがさかん。

中部・サルディーニャ島のパスタ＆食材

温暖な気候に恵まれる中部。内陸部では羊が放牧され、アドリア海からは魚介類が水揚げされる、豊かな土地。ローマやフィレンツェなどの都会では、新進的な創作パスタも食べることができます。

スパゲッティ カルボナーラ
ローマの
本場は生クリームを一切使わないレシピ
→ レシピ **P100参照**

パスタ エ ファジョーリ
ローマの
いんげん豆を使ったスープ状のパスタ
→ レシピ **P102参照**

ラツィオ州
Lazio

州都はローマ。南北の境にあり、食文化の交差点となっている。アマトリチャーナやカルボナーラなど、ローマ発祥のパスタも多い。

サルディーニャ州
Sardegna

特産のムール貝のパスタや、カラスミをすりおろしたパスタが絶品。クスクスの影響を受けた粒状パスタ・フレーグラもある。

たっぷりのカラスミをすりおろしたパスタ

トスカーナ州
Toscana

州都はフィレンツェ。中部の手打ちパスタ・ピチや、イタリア最古といわれる生パスタ・テスタローリの起源はこの地方。

クレープ状の生地が特徴のテスタローリ

マルケ州
Marche

海と山にはさまれた地形で食物の種類が豊富。小麦の栽培もさかんで、高品質で多様なパスタが数多く産み出されている。

アブルッツォ州 Abruzzo
モリーゼ州 Molise

山岳地帯で、羊の放牧がさかん。四角い断面が特徴の、マッケローニ・アッラ・キタッラという手づくりパスタが有名。

トリュフがたっぷりかかったパスタ

ウンブリア州
Umbria

特産品のトリュフは日常的に使用されている。パスタの上にスライスしたトリュフをふんだんにかけた贅沢な一品も。

南部・シチリア島のパスタ＆食材

南部は乾燥パスタの発祥の地。ソースには主にオリーブオイルが使用され、比較的あっさりとした味わいです。ナポリのトマトソースも有名。シチリア島では独自の食文化が発展しています。

カンパーニア州
Campania

州都はナポリ。特産のトマトをベースとしたナポリ風ソースが発達。同じく名産のモッツァレラチーズやなすなどを使用したスパゲッティも多い。

モッツァレラチーズとも抜群の相性をほこるトマトソースパスタ

トマトソースに欠かせないサンマルツァーノなどのイタリアントマト

カラブリア州
Calabria

イタリアには珍しく辛い料理が多い。特産品の唐辛子をふんだんに使用した辛いパスタもある。

バジリカータ州
Basilicata

高山地帯で独自の文化が残る。ペコリーノやカチョカバッロ、リコッタなど、チーズの種類が豊富。

シチリア州 Sicilia

乾麺文化を持つシチリア島では、ロングパスタが主流。いわしやうになど豊富な海の幸をたっぷりと使用したパスタが味わえる。

シチリアの
ブカティーニ コン サルデ
いわしのだしがしっかりしみ込んだパスタ
→ レシピ **P106**参照

定番のうにのリングイネ

プーリア州
Puglia

アンチョビの原料でもある、かたくちいわしがよくとれる。オレキエッテなど、ひとつひとつを手でつくるパスタが多い。

プーリアの
オレキエッテ チーマ ディ ラパ
オレキエッテに菜の花をあえたパスタ
→ レシピ **P104**参照

本場イタリアのパスタレシピ

アオスタの
ピッツォッケリ
Pizzoccheri alla Valdostana

アルプスに囲まれた山あいの町、アオスタ特産のそば粉を使った名物パスタです。
ちりめんキャベツの甘みと同じく特産のフォンティーナチーズ特有のくさみがあとを引きついついワインに手がのびます。

Aosta
アオスタ

イタリア北西、フランスとの国境にあるヴァッレ ダオスタ州の州都。アルプスの豊かな自然が残る。

1. ちりめんキャベツは太めのせん切りにし、1.5%の塩（分量外）を加えた湯でゆでる。10分たったらピッツォッケリも加えて一緒にゆでる。
2. フライパンにバターを入れて中火にかけ、バターが溶けたらアンチョビと1のゆで汁30ccを加え、アンチョビを煮溶かす。
3. ゆで上がったちりめんキャベツとピッツォッケリを加え、フライパンを揺すって全体をからめる（そば粉入りの生地は切れやすいので、やさしく揺する）。
4. 火を止めて5mm角に切ったフォンティーナチーズとパルメザンチーズを加え、よく混ぜ合わせる。

● **材料**(2人分)

ピッツォッケリ(次頁参照)	…180g
ちりめんキャベツ	…100g
バター	15g
アンチョビ(フィレ)	2枚
フォンティーナチーズ	20g
パルメザンチーズ(パウダー)	20g

アンチョビはさわらず、自然に煮溶かす。

フォークなどで混ぜず、フライパンを揺すって全体を混ぜる。

イタリアンcolumn

アオスタ特産のチーズで本格的な味に！

フォンティーナチーズは、ほんのりとした苦みと独特の香り、風味を持つアオスタ特産のチーズ。この地方の料理に使われることが多い。日本では専門店でないとなかなか入手しづらいが、見つけたらぜひこのパスタに挑戦してみて。また、ちりめんキャベツは、なければ普通のキャベツか白菜で代用可。

第 3 章　本場イタリアの変わり種パスタ

ピッツォッケリのつくり方

1. 卵は計量カップに割り入れ、水を足して270ccにする。フォークでコシを切るように混ぜておく。
2. ボウルにそば粉と中力粉を合わせ、中央をくぼませて1の卵液を流し入れる。
3. あとはP60〜のフェットチーネと同様に生地を作り、ひと晩休ませてから同様に成形する。

● 材料（つくりやすい分量）

そば粉	250g
中力粉	350g
卵3個+水	270cc

本場イタリアのパスタレシピ

ローマの カルボナーラ

Spaghetti alla carbonara

生クリームを使わない本場のカルボナーラ。
黒こしょうがピリッと味を引き締めます。
パンチェッタの代わりに、にんじん、赤ピーマン、
玉ねぎ、ズッキーニなどのせん切りを炒めて加え
野菜だけでつくっても、おいしく食べられます。

ROMA
ローマ

長靴のひざの部分、ラツィオ州にあるイタリアの首都。サルティンボッカをはじめ名物料理が多い。

1. パンチェッタは3mm角の拍子木切りにする。Aをボウルに合わせ、ゴムべらで切るように混ぜておく。スパゲッティをゆで始める。
2. パンチェッタとオリーブオイル5ccをフライパンに入れ、中火にかける。パンチェッタがカリカリになってきたら弱火にし、じっくり炒める。
3. スパゲッティのゆで汁60ccを加えてひと煮立ちさせ、オリーブオイル10ccも加え混ぜる。
4. ゆで上がったスパゲッティを加え、よくあえる。火を止めてAの卵液を加え、手早く混ぜる。

● 材料 (2人分)

スパゲッティ（乾麺）	200g
パンチェッタ	50g
オリーブオイル	15cc
A	
卵黄	2個分
粗びき黒こしょう	12ふり
パルメザンチーズ（パウダー）	30g
オリーブオイル	10cc

パンチェッタがなければソーセージやベーコンを使用してもいい。

火にかけたまま卵液を加えると、卵がぽろぽろになってしまい失敗しやすい。

イタリアンcolumn

カルボナーラの起源には諸説あり

「炭焼き職人風」の意味を持つカルボナーラ。その起源にはいくつかの説がありますが、①黒こしょうを炭の粉に見立てた、という説と、②炭焼きは、山中に丸一日こもる作業。その際の食事として、保存の効くパンチェッタや卵を使ったのが始まり、という説の、ふたつが有力とされています。

第 **3** 章　本場イタリアの変わり種パスタ

ローマの
パスタ エ ファジョーリ

Pasta e fagiolo

本場イタリアのパスタレシピ

ROMA
ローマ

イタリア各地方の料理を楽しめるのも、首都・ローマの特徴。これは特に南イタリアで食べられる料理。

「パスタといんげん豆」の名前どおり、金時豆の滋味がぎゅっと詰まったとろりとクリーミーなスープにパスタを加えて。寒さ厳しいローマの冬に食べたくなるようなほっこり、じんわり温まるメニューです。

1. 金時豆はたっぷりの水にひと晩つけてもどし、やわらかくゆでる。ゆで汁もとっておく。玉ねぎとにんじんは薄切りにする。にんにくは包丁などでつぶす。
2. 玉ねぎ、にんじんはオリーブオイル10cc、塩とともに鍋に入れて中火にかけ、しんなりするまで炒める。1の金時豆をゆで汁ごと加え、弱火で約1時間煮る。火を止め、粗熱をとってミキサーにかけ、なめらかにする。パスタをゆで始める。
3. 2のソースを鍋に戻し入れ、ゆで上がったパスタを加えて中火にかけ、ひと煮立ちさせる。残りのオリーブオイルを加えて混ぜ、器に盛る。パルメザンチーズをふり、オリーブオイル少々（分量外）をまわしかける。

● **材 料** (2人分)

ショートパスタ(ペンネなど乾麺)
　　　　　　　　　　　　80g

金時豆　　　　　　　　　50g
玉ねぎ　　　　　　　　中1/2個
にんじん　　　　　　　約5cm
にんにく　　　　　　　　1かけ
オリーブオイル　　　　　20cc
塩　　　　　　3つまみ(2本指で)
パルメザンチーズ(パウダー)…20g

豆を加えて1時間ほど煮たらミキサーにかける。

なめらかになったら鍋に戻し入れパスタを投入。

🇮🇹 イタリアンcolumn

余ったパスタを主役にした料理

パスタ エ ファジョーリは、もともと袋に残ってしまったパスタをおいしく食べよう、ということから生まれた、非常にイタリアらしいメニューです。パスタは、ショートパスタのほかに生パスタの切れ端など、何を使ってもOK。スパゲッティなどロングパスタの場合は、短く折って加えます。

第 ❸ 章 本場イタリアの変わり種パスタ

本場イタリアのパスタレシピ

プーリアの オレキエッテ チーマ ディ ラパ

Orecchiette con cima di rapa

「小さな耳」の意味を持つオレキエッテに
「チーマ ディ ラパ」という春野菜を合わせた
プーリア地方の伝統料理です。
ここでは味わいが近い、菜の花で作っています。
アンチョビの塩けがあるので、塩は加えずに。

PUGLIA プーリア

イタリア南東部、長靴のかかと部分に位置する州。オリーブの栽培がさかんなことでも知られている。

1. にんにくはみじん切りにする。菜の花は5cm長さに切り、茎が太いものは切り込みを入れておく。オレキエッテと菜の花を一緒にゆで始める。
2. フライパンににんにくとオリーブオイル10ccを入れて中火にかける。にんにくのまわりがちりちりしてきたらアンチョビを加えて火を止め、余熱でアンチョビを煮溶かす。
3. ゆで上がったオレキエッテと菜の花、ゆで汁40ccを加え、中火でよくあえる。火を止め、オリーブオイル10ccをまわし入れる。

● **材料**(2人分)

オレキエッテ	160g
菜の花(チーマ ディ ラパの代わり)	100g
にんにく	1かけ
オリーブオイル	20cc
アンチョビ(フィレ)	2枚

菜の花の茎の部分に切り込みを入れ、火を通りやすくする。

アンチョビは熱が通ると自然にほどけてくる。

🇮🇹 イタリアンcolumn
春を知らせる「チーマ ディ ラパ」

大きな花のつぼみと、ほろ苦さが特徴のチーマ ディ ラパは2〜3月が旬の春野菜。稀にイタリア食材店やネットショップで入手できますが、菜の花で代用するのが手軽でおすすめです。ゆでたあと、色止めをしなくても鮮やかに仕上がるのは、パスタをゆでる湯に加えた、塩の力。

第 3 章　本場イタリアの変わり種パスタ

本場イタリアのパスタレシピ

シチリアの
ブカティーニ
コン サルデ

Bucatini con le salde

太くて食べごたえのあるブカティーニに
いわしとういきょうのパンチが効いたソース！
シチリアで親しまれている、名物パスタです。
ういきょうの強い味わいをやわらげる松の実と
レーズンも、シチリアではよく使われる食材。

SICILIA
シチリア

地中海一の面積を誇る島。昔から海上交通の要だったため、アラブやスペインから伝わった食材も多い。

1 ソースを作る。ういきょうは鍋に入る長さに切り、たっぷりの水で3時間ほどゆで、細かく刻んでおく。ゆで汁もとっておく。いわしは三枚におろして皮をむく。にんにくと長ねぎはみじん切りにする。赤唐辛子は種を除く。
2 にんにく、赤唐辛子、オリーブオイルを鍋に入れ、中火にかける。にんにくのまわりがちりちりしてきたら長ねぎを加え、松の実、レーズン、アンチョビも加えて炒める。
3 長ねぎがしんなりしてきたらトマトソースを加えて混ぜ、ういきょうとういきょうのゆで汁2ℓも加え混ぜる。
4 ひと煮立ちしたらいわしを加え、弱火で約2時間煮る。
5 ブカティーニをゆで、表示の時間より1分30秒ほど早く引き上げ、4の鍋に加える（ソースは2人分取り分けておく）。ソースの中でしばらく味をしみ込ませるように煮詰めながらあえ、火を止める。器に盛り、にんにくオイルをまわしかける。

● 材料 (2人分)

ブカティーニ	200g
ソース(作りやすい分量・約8人分)	
ういきょう	1株
いわし	5尾
トマトソース (P18参照)	100g
にんにく	2かけ
赤唐辛子	1/2本
長ねぎ	2本
松の実	20g
レーズン	30g
アンチョビ (フィレ)	10枚
オリーブオイル	20cc
にんにくオイル (下記コラム参照、またはオリーブオイル)	少々

「サルデ」とはサーディン＝いわしのこと。

にんにくオイルで香りよく仕上げて。

イタリアンcolumn

仕上げは「にんにくオイル」が定番

本場シチリアでは、仕上げににんにくオイル（にんにくの風味をつけたオリーブオイル）をまわしかけるのが定番。みじん切りにしたにんにくにオリーブオイルを注ぎ、1日ほどおいて、風味をうつすだけなので、時間があるときに作り置きしておくと便利。面倒なときはオリーブオイルで代用しても。

第 ③ 章 本場イタリアの変わり種パスタ

本場イタリアのパスタレシピ

フリッタータ コン パスタ
Frittata con pasta

強火でサッと火を通したあと、オーブンで仕上げるイタリア風オムレツ。チーズ入りの濃厚な生地に、トマトの酸味が◎。子どもも大好きな味。冷ましてカットすればワインに合う前菜にもなります。

TUTTO ITALIA
イタリア全土

薄く焼き、よく火を通すイタリア風オムレツは、余ったパスタのほか、土地土地の野菜などを入れ、イタリア全土で食べられている。

1. スパゲッティをゆで始める。ボウルに卵、パルメザンチーズ、生クリーム、塩を合わせ、ゴムべらで切るように混ぜる。トマトは1cm角に切る。
2. 直径約21cmのフライパンにオリーブオイル少々(分量外)をひいて強火にかけ、薄く煙が出るくらいまで熱する。火から下ろしてキッチンペーパーで油を拭き取り、分量のオリーブオイルとバターを入れて再び火にかける。
3. 1の卵液にゆで上がったスパゲッティを加えて混ぜ、2のフライパンに流し入れる。強火でさっとかき混ぜ、トマトをのせ、フライパンごと230℃に予熱したオーブンで5分焼く。

● **材料**(2人分)

スパゲッティ(乾麺)	100g
卵	4個
パルメザンチーズ(パウダー)	20g
生クリーム	30cc
塩	3つまみ(2本指で)
バター	15g
オリーブオイル	5cc
トマト	中1個

卵液は気泡ができないようゴムべらで混ぜる。

オーブンに入れられるフライパンがない場合はふたをして弱火で5分ほど加熱する。

イタリアン column

丸く焼き上げるイタリア風オムレツ

「フリッタータ」と呼ばれるイタリアのオムレツは、焼き色をつけて中までしっかり火を通すのが特徴。フライパンに卵液を流し入れたら、そのまま折らず、パンケーキのように丸く焼き上げます。余ったパスタはもちろん、ズッキーニやパプリカ(赤)などの野菜、肉など好みの具を加えて。

第 ③ 章　本場イタリアの変わり種パスタ

知っトク！COLUMN❸

パスタと一緒に食べたいイタリアのパン

イタリアンに欠かせないパンは、パスタと一緒に食べると、よりそれぞれの味が引き立ちます。

©alexala, photo by:Massimiliano Navarria

大きな鉄板で焼き上げられたフォカッチャ

実は、イタリア人にとってのパスタは、あくまでおかずの位置づけ。スープやサラダと同様の認識です。イタリアの主食はあくまでパン。それも具が入っているものは少なく、粉と水だけでできた食事パンです。パスタを食べる際にも、皿に残ったソースも、パンできれいにぬぐって食べてしまう（スカルペッタ）のもイタリア流です。

グリッシーニ

カリッと焼き上げられた棒状のパン。食卓に前もって置いてあり、前菜代わりに、もしくは食事の合間などにつまんだりする。

こんなパスタに
味がないので、基本的にどのパスタにも。トマトソースや、どっしりしたクリーム・ミート系のソースに。

フォカッチャ

オリーブオイルをたっぷり使って焼き上げる、薄い焼き上がりのパン。塩だけのものや、いろいろなトッピングをしたものも。

こんなパスタに
アラビアータなどのトマトソースに。にんにくやハーブとの相性もいい。

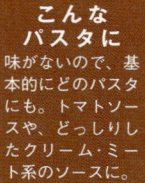

パーネ・トスカーノ

トスカーナ地方の食事パン。塩けがまったくないため、料理に合わせて食べたい。こんがり焼いてスープに入れてもいい。

ロゼッタ

バラの花の形をした、ローマ地方伝統のパン。中が空洞になっていて、外皮が香ばしい。

こんなパスタに
カリッと香ばしい外皮を半分に割り、オイル系のソースに浸して食べるとおいしい。

第4章

パスタの基礎知識

「食材事典」では、パスタを作るうえで知っておきたい、食材の基本的な知識や、本場イタリアでの使い方を紹介。また、パスタの歴史やパスタが日本に入ってきた経緯、世界中で食べられているさまざまなパスタやイタリアでの食習慣などを紹介します。

トマト
pomodoro

イタリアでは生食用と調理用とで、目的に応じて使い分けるトマト。果肉の厚さや水分量、皮のかたさなどで種類を選びます。

パスタに欠かせない食材事典

イタリアを代表する食材を知って、本格的なパスタを作りましょう。

ミニトマト（ポモドリーニ）

ミニトマトは、加熱しても味がぼけないトマトのひとつ。皮がかたくて糖度が高く、色みや味がしっかり残るのでソースに適している。

イタリアントマト（ポモドーロ）

サンマルツァーノに代表される、赤色が濃く、酸味が弱く、果肉がぎっしり詰まったイタリア産トマト。生食よりも煮込み向き。フルーツトマトでも代用可。

● **ドライトマト**

トマトに塩をふり天日干ししたもの。ぬるま湯などにつけて、やわらかくしてから使う。保存するときはオリーブオイルに漬け込む方法も。

● **加工したトマト／トマトの水煮**

カットトマト

ダイス状にカットされたトマトの水煮缶。トマトホールとちがい、手でつぶさずそのまま使用できるので便利。

トマトホール

トマトの形状がそのまま残ったもの。イタリアントマトは手に入りにくいため、ソースづくりは缶詰の使用がおすすめ。

トマトペースト

トマトを煮詰めてペースト状にしたもの。ソースに酸味が足りないときに加えてもよい。

トマトピューレ

トマトの水煮を裏ごししたもの。少量を調理中に加えるなど、用途に応じて使用できる。

第 4 章 パスタの基礎知識

ハーブ

erba

パスタに欠かせないフレッシュハーブ。各素材に合うものを使用して、より味わい深いパスタに仕上げましょう。

ローズマリー

強い香りと苦みが特徴。肉や魚のくさみをやわらげたり、料理の香りづけに使うことが多い。オイルに漬け込んでもいい。

バジル

ヨーロッパでは「ハーブの王様」と呼ばれ親しまれる、使用頻度NO.1のハーブ。さわやかな風味で食欲をそそり、生のまま散らしたり、すりつぶしてジェノバソースにしたりと、用途は多様。

チーズや松の実を加えるとジェノバソースに

知っトク豆知識
ハーブの保存

水にいける
根元を少し落とし、水を入れたコップにいけておく。水を替えれば2～3日はもつ。そのまま育つ場合も。

塩と一緒にハーブソルトに
天日で乾燥させ、砕いて粉末状にする。そのまま塩を混ぜれば、調理の際に役立つハーブソルトに。

オリーブオイルに漬け込む
生のままオイルに漬け込むだけ。パスタ調理の際やサラダに使用できる。ローズマリーやオレガノなどがおすすめ。

オレガノ

苦みとくせのある強い香りが特徴。バジル同様、トマトソースとの相性は抜群。味はがらっと異なるのでちがいを楽しんでも。

セージ

別名サルビア。よもぎに似た強い香りと、辛みの混じったほろ苦さが特徴。ソーセージをはじめ、主に肉料理に使用される。

イタリアンパセリ

葉に細かいちぢれがないパセリ。パセリより香りは強いが、清涼感があるので使いやすい。細かく刻んで料理の仕上げなどに。

ミント

さわやかかつマイルドな香りでくせがないため、ミントペーストなどにしてパスタとあえてもよい。トマトとの相性もよい。

verdura そのほかの野菜

独特の形状とおいしさを持つイタリアの野菜たち。
珍しいものは大型スーパーやデパートで探してみましょう。

唐辛子

旬 ………… 5〜9月

長さ、形状、辛さのちがいなど、さまざまな種類がある。使われるパスタは、アラビアータやペペロンチーノなどが代表。イタリアでの主な産地はカラブリア。

にんにく

旬 ………… 通年

料理の風味を引き立て、肉や魚の生ぐささを消す効果がある。イタリアでは全土で栽培される。保存の際は、新聞紙などに包んで冷蔵庫のチルドルームに。

ズッキーニ

旬 ………… 5〜10月

かぼちゃの一種。生食には向かず、オイルとの相性がよいので、加熱調理に適している。煮込みやソテー、揚げものなどに幅広く使える。

実は花や若い茎も食べられる優れもの

パプリカ

旬 ………… 6〜10月

唐辛子の一種だが辛くないものが主流。肉厚で甘く、そのままフルーツ感覚で食べられるため、サラダやマリネなどにも使用される。

ういきょう（フェンネル）

旬 ………… 5〜6月

生でも煮ても食べられる。葉の部分は魚や肉の香りづけに、白い株の部分はサラダなどに使用。煮るとほのかな甘みがある。

ルッコラ

旬 ………… 3〜5月

別名ロケットサラダ。クレソンに似た辛みがあり、主にサラダのアクセントやつけ合わせとして使う。地中海沿岸が原産地。

アーティチョーク

旬 ………… 5〜6月

朝鮮アザミのつぼみ。外側のかたい部分を取り除いて使う。ゆでると甘く、歯ざわりや味わいはれんこんに似ている。

※「旬」は日本のマーケットに出回る期間の目安です。

第 4 章 パスタの基礎知識

チーズ

formaggio

「フレッシュ」「熟成（ハード）」に大別されるチーズ。
トマトやクリーム系のソースに合わせると間違いありません。

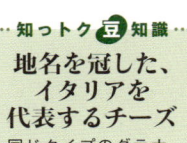

知っトク豆知識
地名を冠した、イタリアを代表するチーズ
同じタイプのグラナ・パダーノは、認定エリア外で作られたもの。パルミジャーノより若干安いが、味や品質はそこまで変わらない。

パルミジャーノ・レッジャーノ（パルメザンチーズ）
硬質チーズの最高峰。イタリアのパルマなどのエミリア・ロマーニャ地方で作られ認定を受けたもののみ、この名を使うことができる。

こんな使い方
かければかけるほどおいしいと言われる。オイルやバターにすりおろしたパルミジャーノをあえただけのパスタも。

ペコリーノ
羊の乳から作られるチーズの総称。産地の名前が名称の後につく（「ペコリーノ・ロマーノ」など）。

こんな使い方
羊乳特有のコクと甘みがある。パルメザン同様におろしてかけたり、余熱で溶かして使用する。

モッツァレラ
水牛乳が原料のフレッシュタイプのチーズ。淡泊な味だがほんのり甘く、加熱するとよくのびる。

こんな使い方
トマトやオリーブオイルと相性がよく、余熱で溶かすように最後に加え味のアクセントにする。

ゴルゴンゾーラ
ロンバルディア州ゴルゴンゾーラ村発祥の青カビチーズ。世界3大ブルーチーズのひとつ。

こんな使い方
ブルーチーズの刺激的な味わいとミルクの甘みが特徴。クリーム系ソースに溶かし込んで使う。

ゴーダ
オランダを代表するチーズ。イタリア産もある。くせがない味で、加熱するとよくのびる。

こんな使い方
クリーム系のソースに調理の最後に加え、余熱で溶かして食べる。ソースのコクが格段に増す。

カチョカバッロ
少し酸味があるが、マイルドで食べやすい。熟成が進むにつれて、中身が締まり刺激的な風味に。

こんな使い方
クリーム系のソースにのばして使用する。パルメザンのように、すりおろしてかけてもよい。

リコッタ
乳清（ホエー）で作られたフレッシュタイプのチーズ。乳脂肪分が低く、さっぱりとした味わい。

こんな使い方
ラビオリなどの詰め物パスタの中身に使用する。かぼちゃやほうれん草と合わせる場合が多い。

肉・魚

carne, pesce

山岳地帯のイタリア北部は肉類、地中海に面した南部は魚介類の文化です。地方ごとに多様な加工品があります。

パンチェッタ

豚のバラ肉に塩、こしょう、香辛料などをまぶして熟成させた、イタリアの伝統加工肉。カルボナーラに使用する食材としても有名。

プロシュート（生ハム）

豚のもも肉を塩漬けにし、乾燥・熟成させたもの。世界最高峰はパルマ産。やわらかく上品な甘みがある。サン・ダニエーレも2大産地のひとつ。

モルタデッラソーセージ

一般にボローニャソーセージ。ラードのかたまりや黒こしょう、ピスタチオが入っている。トマトやクリーム系のソースと相性がいい。

サラミソーセージ

イタリア発祥のドライソーセージ。豚の赤身と脂身に塩、こしょうをしたものがベース。ミラノ地方のサラミなどが有名。

生ソーセージ

イタリアでソーセージとは、一般に生ソーセージを指す。北部では香辛料やにんにく、南部では唐辛子などを入れる。

カラスミ

イタリア語でボッタルガ。ぼらの卵巣を塩漬けにして干した高級食材。そのまま薄くスライスし、パスタにかけて食べることも。

アンチョビ

かたくちいわしを塩漬けにして、発酵・熟成させオリーブオイルに漬けたもの。缶や瓶詰のフィレのほか、ペースト状のものも便利。

オイルサーディン

小いわしの頭と内臓を除いて塩漬けにし、オリーブオイルに漬けたもの。ほどよい塩けがあり、加熱してよくパスタに使われる。

第 **4** 章 パスタの基礎知識

funghi, legumi

きのこ・豆類・そのほか

イタリアンに欠かせないオリーブにきのこ類、そして豆類。さまざまな品種が各地で使われています。比較的手に入りやすいオリーブやポルチーニからそろえてみては。

オリーブ

実は熟すにつれて緑から紫、黒へと変化する。生食では苦くて食べられないため、ソーダ水で煮てから塩水に漬けたものが一般的。まろやかな甘みが特徴。

ポルチーニ

イタリアでは日常的に使用されているきのこの一種。西洋松茸とも呼ばれる。日本では生食用の購入は難しいので、乾燥ものをぬるま湯でもどして使用する。

ケッパー

フウチョウボクという木の花のつぼみを、塩漬けまたは酢漬けにしたもの。魚介類やトマトとの相性がよく、スモークサーモンでもおなじみ。塩漬けは塩抜きして使う。

松の実

松の種子。ジェノバソースにすりつぶして入れるのが一般的。くるみなど、ほかのナッツ類も同様に使用できる。脂分が多く、料理に加えるだけでコクが増す。

レンズ豆

丸くて扁平なレンズ形が特徴。スープや煮込みによく使われる。乾物でも約1時間で戻せ、短時間で味がなじむので使いやすい。

ひよこ豆

大豆よりもひとまわり大きな豆。ホクホクした食感で、そのまま煮込んでスープにも。水けをきってすぐ使える水煮缶が便利。

いんげん豆

イタリアではファジョーリという白いんげんが一般的。くせのない淡泊な味で、煮込み料理に使われる。水煮缶が便利。

olio

オリーブオイル

調味料
庶民の台所で発展したイタリア料理は、シンプルな味つけが特徴です。

パスタに欠かせないオリーブオイル。「こんなに？」と思うくらいにたっぷりと使うのがおいしさへの近道です。

エクストラ・ヴァージン・オリーブオイル

化学的処理を一切せず、収穫したばかりのオリーブの実を24時間以内に搾った、いわば一番搾りのオイル。純度が高く、酸度は1％以下。豊かな風味と香りが特徴で、そのままでも加熱してもおいしく食べられる。多くのイタリア人が使うのはこのタイプ。濁りを含む若草色をしている。

知っトク豆知識

オリーブオイルの保存

封を開けたらすぐに使いきる

新鮮なうちに使わないと、すぐに品質が劣化（酸化）してしまうので、封を開けたら極力早く使いきること。原則としては小瓶を購入し、1ヵ月程度で使いきったほうがよい。

冷暗所、もしくは冷蔵庫に保存

使い残しがある場合は、暑い場所には置かず、密閉容器に入れて冷暗所に保存する。また、冷蔵庫での保存も可能。固形化してしまうが、使う前に常温に戻せば、普通に使用できる。

さまざまなオリーブオイル

ピュア・オリーブオイル
精製されたオリーブオイルとヴァージンオイルを混合した油。オリーブの香りは少ないが価格は安いので、揚げものなどに使用。

ヴァージン・オリーブオイル
エクストラ・ヴァージンより酸度が高く、苦みや辛みが強い。加熱調理に使用し、低温でじっくりと熱すると香りが立つ。

第 4 章　パスタの基礎知識

ビネガー
aceto

イタリアではサラダや保存食づくりに欠かせないお酢。
シンプルな料理の味を引き立てる名脇役です。

ワインビネガー

ぶどう果汁からワインがつくられた後、酢酸発酵させるとワインビネガーになる。穀物酢より酸度が高く、サラダや保存食づくりに欠かせない。加熱の際に加えると、肉や魚がやわらかくなる効果も。

バルサミコ酢

ぶどうの果汁を煮詰めて熟成させたもの。「伝統的なバルサミコ酢」と呼ばれるものは、熟成期間が12年以上のものに限られる。火を加えず、ソースのような感覚で料理の仕上げに使用する。

知っトク豆知識　ワインビネガーとバルサミコ酢のちがい

エミリア・ロマーニャ州のモデナ産のものが正規のバルサミコ酢。ワインビネガーに比べ、熟成感が強い。味がぼけるので加熱には向いていない。

塩
sale

パスタをゆでる際に、調味料に、塩漬けにと、
塩はイタリア料理で大きな役割を占めています。

知っトク豆知識　粗塩と通常の塩を使い分ける

大きい粒のgrossoは、パスタをゆでるときや煮込み料理に。すぐに味をつけたいときや繊細な味つけの際には、通常の粒の塩fineを。

パスタに塩が重要な理由

熱湯に加えることで沸点を上げ、パスタを歯ごたえよくゆで上げる。もともと塩が含まれないパスタに味をつけるという意味もある。

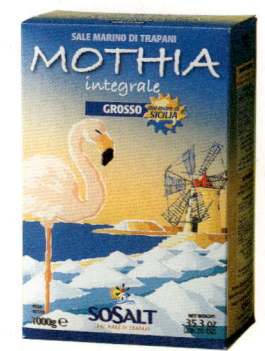

塩

海に囲まれたイタリアでは、天然の海塩（主にシチリア産のもの）が主流だが、同じくミネラル豊富な岩塩もおすすめ。パスタをゆでるときには、粗びきで粒の大きい塩を大胆に使用する。

パスタを倍好きになる豆知識 ①

パスタはどうして生まれたか

12世紀〜 生パスタの原型が誕生

古代ローマを起源に生パスタとして発達

パスタの起源には諸説ありますが、正確な考証はなされていません。しかし、古代ローマ時代に、小麦と水をまぜて煮込んだ、「プルス」というお粥状の料理が元祖ともいわれます。12〜13世紀頃のイタリアでは、生パスタとして、スープに入れたりゆでてソースとあえたりする現代のパスタの原型ができ上がっていました。

もともとパスタは貧困階層のもので、民衆はチーズをかけただけのスパゲッティを手づかみで食べていたといわれる

14世紀〜 乾燥パスタの普及

乾燥パスタづくりに適していた南イタリアの気候

乾燥パスタは、12世紀頃に保存食としてアラブ人によりもたらされ、14世紀頃から、パスタの乾燥に理想的な気候条件を備えた、南イタリアのナポリ付近で発達したといわれます。強い太陽の光とヴェスーヴィオ山から吹き下ろす熱い風、地中海の湿った海風が、パスタの天日乾燥に適していたのです。

ナポリ・グラニャーノ
Gragnano

ナポリのグラニャーノという小さな町は、「パスタ発祥の地」と呼ばれるほど、パスタづくりがさかんだった。19世紀のナポリにおける、パスタの産業化の中心にもなる

第 4 章 パスタの基礎知識

17世紀〜 トマトとパスタの出会い

トマトソースの誕生がパスタの普及を進めた

17世紀頃、イタリアの食生活に革命的な変化が起こります。大航海時代を背景に、ナポリにたどり着いたトマトです。最初は観賞用でしたが、ナポリの人々が食用として品種改良。うまみ成分と甘みを持ったトマトは、パスタソースとしてまたたくまに全土に広まりました。また、同じくして、たいへん労力が必要だったパスタの押し出しが、機械で行われるようになり、大量生産が可能に。トマトとパスタの"出会い"(マリアージュ)により、パスタの普及がさらに加速されることとなりました。

コロンブスがアメリカ大陸から持ち帰ったといわれるトマト。マルコ・ポーロが中国から持ち込んだともいわれるパスタとが、イタリアで出会った!?

19世紀〜 多様なパスタが生まれる

工業化とともに、パスタが世界に広がる

19世紀にはパスタの人工乾燥機が考案され、天日乾燥から機械乾燥へと移行。ナポリ近辺で、機械による大量生産が行われるようになります。機械化により、乾燥パスタはイタリア北部地方だけではなく、欧州各国やアメリカなどに広く普及していきました。現在では、各地方それぞれの郷土料理としてパスタが定着し、イタリアのスーパーマーケットなどには、形や種類の異なる100種類以上の商品が並び、イタリア人にとって欠かすことのできない食材になっています。南部では乾燥パスタ、北部では生パスタが主流です。

©APT Puglia

天日で乾燥させ、伝統的にパスタを作る家庭

さまざまな形のパスタが生まれたのも19世紀。ソースがからみやすい形が基本

パスタを倍好きになる豆知識❷
世界に広がるパスタの仲間

さまざまな国に独自のパスタ文化がある

イタリアを中心に発達したパスタですが、発祥は中国の麺とも、ギリシャにあったラグノン（細切りパスタのような麺）という説もあります。北アフリカからシチリア周辺を中心に、広く食べられているクスクス（粒状のパスタ）をはじめ、パスタ文化は世界中にあります。それはイタリアから輸入されたものや、独自の発達をとげたものなどさまざまですが、それぞれの土地に根づいた独自の食文化を生み出しています。

■アメリカ
ミートボール・スパゲッティ

大人も子どもも大好きな、スパゲッティの定番。トマトソースに、大きなミートボールがごろごろ入ったスパゲッティ。

こんなパスタ スパゲッティ
イタリアからもたらされた。アルデンテよりもやわらかめにゆでる

■ブラジル
パステウ

ひき肉や玉ねぎなどの具材が入った餃子風パスタ。やしの芽やバナナなどが入り、おやつ感覚で食べることも。

こんなパスタ パステウ
四角い生地に具材を包んで揚げた、餃子に似た食べ物

■ベトナム
ヌイ ヌウォック

肉や野菜が入ったスープにマカロニが浮かぶ、フォーのような感覚のマカロニスープ。ベトナム屋台の定番だ。

こんなパスタ ヌイ
ベトナムおやつに定番の、もっちりと弾力のあるマカロニ

知っトク豆知識

「アルデンテ」がわかるのは、日本とイタリアだけ!?

外国のパスタはやわらかいものが多く、日本人が「ゆですぎ？」と感じるものがほとんど。歯ごたえのあるゆで上がりが特徴の「アルデンテ」が好まれるのは、実はイタリアと日本くらい。

第 4 章　パスタの基礎知識

■イギリス
缶詰の スパゲッティ

パスタソースだけでなく、ゆでたスパゲッティの入った缶詰。お皿にとり、加熱するだけで食べられる気軽な味。

こんなパスタ スパゲッティ

缶詰のスパゲッティはかなりやわらかく、歯ごたえはほとんどない

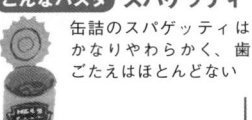

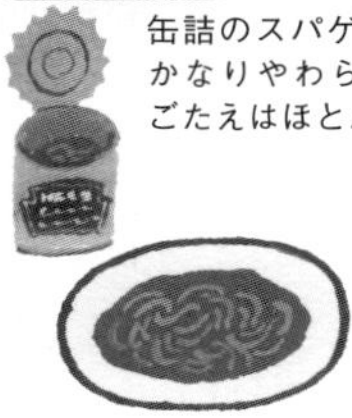

■スペイン
フィデワ

パエリアの米の代わりにフィデオを使用したもの。イタリアと往来がさかんだったカタルーニャ地方の郷土料理。

こんなパスタ フィデオ

細めのスパゲッティを3cmほどの長さにカットしたスペインのパスタ

■ギリシャ
ユヴェチ

クリラサキを肉入りのスープと一緒にオーブンで焼いたもの。トマトソースに、やわらかく煮た羊（牛）肉が入っている。

こんなパスタ クリサラキ

リゾッティにも似ている、お米のような形をしたパスタ

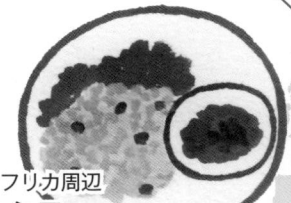

■北アフリカ周辺
クスクス

蒸し揚げたクスクスに、肉や魚、野菜、豆類などが入ったトマトベースのスープをかけて食べるのが一般的。

こんなパスタ クスクス

デュラムセモリナと水を練り、1mm大の粒状にしたもの

■シリア・レバノン
モグラビーエ

ゆでたモグラビーエの上に、鶏肉とひよこ豆、野菜のスープをかけ、好みでクミンなどの香辛料をかけて食べる。

こんなパスタ モグラビーエ

クスクスに似ている。直径5mmほどの、大粒のサイズが特徴

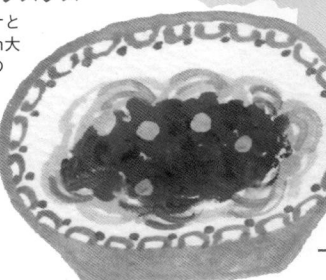

パスタの本場イタリア

■エジプト
コシャリ

米、マカロニ、スパゲッティなどのパスタ、ひよこ豆、レンズ豆を混ぜ、揚げ玉ねぎとトマトソースをかけた料理。

こんなパスタ マカロニなど

コシャリはエジプト庶民のファストフードと呼ばれ親しまれている

■シリア・レバノン
タブーリ

ブルゴルにみじん切りにしたパセリとトマトを混ぜ、レモン系の果汁で酸味をつけた、この地域の代表的なサラダ。

こんなパスタ ブルゴル

ひき割り小麦。デュラム小麦を全粒のまま蒸した後、つぶしたもの

123

パスタを倍好きになる豆知識③

日本に入ってきたパスタ

昭和時代に一般家庭に広く浸透する

パスタが日本に初めてもたらされたのは、幕末の外国人居留地だったといわれています。明治時代にも一部の愛好家の間で食されたそうですが、一般的に浸透したのは昭和時代。なかでも日本でパスタの大量生産が始まった昭和30（1955）年は、「パスタ元年」と呼ばれています。当時はデュラムセモリナの入手が難しく、強力粉でパスタに似せて作られていました。やがて、本物志向の高まりやイタリアンのブームなどから、昭和後期には、デュラムセモリナを使用した本格的なパスタが家庭でも消費されるようになっていきました。近年では、本格的なイタリアンレストランも増え、生パスタなど多様なパスタへの認識が高まっています。

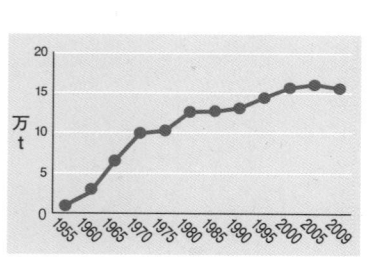

日本のパスタ消費量の推移
データ提供：社団法人日本パスタ協会

日本のパスタ簡略史

時代	内容
幕末〜明治初期	外国人居留地にて初めてパスタが食べられたといわれる
明治〜大正時代	一部の愛好家の間で食べられているだけのものだった
昭和30（1955）年	「パスタ元年」日本でパスタの大量生産が始まる マ・マー マカロニ（当時「日本マカロニ」）が初めてマカロニを発売 マ・マー マカロニ 初代パッケージ（新発売当時）
昭和30年代半ば	本物志向の高まりから、日本国内でも、デュラムセモリナのパスタが求められるようになる
昭和36（1961）年	デュラムセモリナを100％使った業務用製品が、国内で初めて販売される
昭和60年代以降	イタリアンレストランブームなどで、デュラムセモリナ100％の国産パスタが家庭にも浸透する

日本独自のパスタ

日本人好みに発展したパスタ文化

日本独自のパスタも次々と生まれました。なかでも代表的な料理は「ナポリタン・スパゲッティ」。「ナポリ風の～」という名前ですが、スパゲッティをケチャップであえ鉄板で炒めた、日本の洋食の一種です。アルデンテの感覚がまだ浸透していなかった頃、うどんに近いような感覚で食べてもらえるにと作られたといわれています。また、ボロネーゼに近い「ミートソース」も、ケチャップやウスターソースで味をつけるのが日本流。タバスコをふるのも、アメリカから入ってきた、イタリアにはない習慣です。

和風スパゲッティ

ナポリタン・スパゲッティ

ミートソース・スパゲッティ

フォークとスプーンで食べるのを上品、とするのは日本独自の習慣。イタリアでは、パスタはフォークだけでうまく巻き取って食べるのがスマート

その他の日本独自のパスタ

あんかけスパゲッティ
名古屋発祥。中華あんのようなソースをかける

カルボナーラ・スパゲッティ
本場のローマでは生クリームは入れずに作る

マカロニサラダ
マヨネーズやハム、きゅうりとあえる。米国にもある

知っトク豆知識

パスタとうどんのちがい

塩とゆで加減が最大のちがい。麺全体に火を通し、つゆで食べる塩入りのうどんとちがい、もともと塩が入らないパスタは、ゆでる際に塩を入れ、少し芯を残してゆで上げます。

パスタの原料・製造工程

パスタを倍好きになる豆知識 ④

パスタに欠かせないデュラムセモリナとは

乾燥パスタは通常、水とデュラム小麦だけで作られます。一般に、デュラム小麦が製粉されて粉になると、セモリナ粉と呼ばれます。セモリナとは、「粗びき」の意味で、デュラムセモリナとは、「デュラム小麦の粗びき粉」のこと。シンプルな材料で作られるパスタだからこそ、この小麦の質で、パスタの品質が大きく左右されます。小麦の粒そのものがしっかりし、たんぱく質や水分量が一定であることが重要です。

生パスタ

軟質小麦

薄力粉 + 強力粉 + 水

一般的な小麦粉は、軟質小麦から作られる。生パスタは、基本的に強力粉と薄力粉（または中力粉）で作る。薄力〜強力粉はたんぱく質（グルテン）の含有量に応じて分類される。

乾燥パスタ

硬質小麦

デュラムセモリナ粉 + 水

硬質小麦（デュラム小麦）は軟質小麦より穂が長く、穂先がひげ状に長い。小麦の粒も、軟質に比べて非常にかたい。良質のたんぱく質を多く含み、弾力性に富む。

全粒粉パスタ

全粒粉

全粒粉 + 水

外皮は食物繊維、胚芽はビタミンが豊富

全粒粉パスタは茶色い見た目が特徴。デュラム小麦の外皮・胚芽（芽となる部分）を残したパスタで、通常のパスタに比べ、独特の風味があり、栄養バランスに優れている。

知っトク豆知識

良いパスタの見分け方

下記の3点がおいしく品質のよいパスタのポイント。もちろん、デュラムセモリナ100％使用のものを選びましょう。

- ☐ 透き通ったこはく色でつやがある
- ☐ 白い斑点やひび割れがない
- ☐ 弾力があり、力を入れて折ると澄んだ音をたて、折れ口がガラス状になる

第 4 章　パスタの基礎知識

パスタの製造工程

シンプルなつくりのパスタだからこそこだわりが光る、パスタ工場の製造過程を紹介します。

\ START! /

1　生地練り　小麦粉と水を撹拌する

パスタの原料はデュラム小麦のセモリナと水だけ。原料を配合・計量し、小麦粉と水をミキサーで練り混ぜる。パスタ独特の歯ごたえを出すため、よく練って生地の密度を高めていく。

2　ダイス成形　さまざまな形に成形する

生地を穴のあいたダイス（鋳型）から押し出す。ダイスの内部や穴の形状のちがいによって、さまざまな形のパスタができる。高圧をかけて押し出すことで、独特の歯ごたえが生まれる。

> ダイスの形状でパスタの形が決まる

3　乾燥　生地を乾燥させる

ダイスから押し出されたスパゲッティを、ステッキ（棒）にかけて乾燥室を通し、ゆっくりと乾燥させる。じっくり水分を抜くことによって、ひび割れのない、透明感のあるパスタに仕上がる。

> 乾燥させた後、裁断する

4　仕上げ　計量・包装・検査

ロングパスタは乾燥させた後、決められた長さに裁断され、計量・袋詰めされる。最後に、賞味期限や重量、異物の混入がないかどうか厳重にチェックされ、完成。

/ GOAL! \

イタリアのパスタの常識Q&A

本場 イタリアのパスタ事情①

Q イタリアにも「おふくろの味」がある!?

A パスタはマンマの味

離乳食もパスタ、といわれるイタリア。マンマ（お母さん）のパスタの味は、イタリア人の中にしみついています。そのパスタは総じてシンプル。圧倒的に多いのは、トマトソースのパスタ。それも王道の、トマトソースとオリーブオイルだけを使用した「スパゲッティ ポモドーロ」。ゆでたてのパスタをバターであえただけの「パスタ ビアンカ」も定番です。

パスタの上にソースをどんとのせ、そのまま出てくる家庭のパスタ。チーズをふり混ぜながら食べる

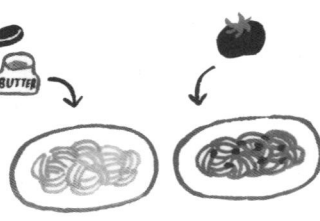

トマトソースの赤いパスタと、バターをかけたビアンカ（白）パスタ。おろしたてのパルミジャーノをふると、文句なくおいしい！

Q イタリアにはパスタの法律がある!?

A 厳しい基準が定められている

イタリアの法律では、デュラムセモリナを100％使用しているもので、人工着色料や保存料を一切使用していないものしか、パスタとして認められません。また、乾燥の卵入りパスタはセモリナ粉100ｇに対して卵を5個以上使用、などの規定も。現在は日本でもセモリナ粉100％のパスタが普及していますが、強力粉を混ぜているものもあります。

第4章 パスタの基礎知識

Q コースでないとパスタは食べられない!?

A 単品でもオーダー可能

海外のレストランに行ったら、必ずコースを頼まなければならない、と身がまえがちですが、そんなことはありません。パスタはイタリアの国民食。日常使いのレストランに行けば、どこでもパスタが食べられます。

そして、前菜、パスタだけ、またはメインとパンだけ、で済ませてもまったく問題ありません。食べたいように食べられるのが、イタリアのいいところ。もちろん、高級レストランに行くならば、マナーとしてコースを頼むべき。ただし、「リストランテ」＝高級というわけでは必ずしもなく、名前のつけ方はそれぞれあいまい。実際の店構えで判断しましょう。

知っトク豆知識
イタリアのレストラン・ランキング

リストランテ	オステリア	トラットリア	バール
高級レストラン。基本的に料理はコースで注文し、予約が必要	中世からある形式の食堂。歴史ある高級店の場合もある	庶民料理の流れから出てきた家族経営的でカジュアルな食堂	カウンターでコーヒーを立ち飲みしたり、軽食を食べたりする店

Q パスタの正しい食べ方とは!?

A お皿の底まで食べきる!?

皿に残ったパスタソースも、パンにからめて食べきってしまう（スカルペッタ）のがイタリア流。皿がきれいになるまで食べきることで、料理人に敬意を表す意味になります。

スカルペッタとは、「靴の底をぬぐうように、皿に残ったソースもきれいに拭き取っていただく」という意味

Q 「ニョッキの日」があるって本当!?

A ニョッキを食べる木曜日

カトリック国のイタリアでは、かつて金曜日は断食の日でした。その日を乗り切るため、木曜日に腹もちのいいニョッキを食べたのです。そのときの食習慣だけが残っています。

明日は断食の金曜日

木曜日は、わざわざメニューにニョッキが加わるレストランもある

数字で見るイタリアのパスタ事情

本場 イタリアのパスタ事情②

年間1人あたりのパスタ消費量

🇮🇹 **イタリア** 約 **28** kg/人

🇯🇵 **日本** 約 **1.7** kg/人

世界のパスタ消費量（2008年）
年間1人あたり/kg

- イタリア 26
- ベネズエラ 12.9
- チュニジア 11.7
- ギリシャ 10.4
- スイス 9.7
- アメリカ 9
- フランス 8.3
- イギリス 2.5
- 日本 1.7

出典：UN.A.F.P.A

日本の消費量とは格段の差がある

現在、イタリア国内で年間に消費されているパスタは、160万トン。世界でトップの1人あたり年間28kg消費しています。日本は世界でも30位前後と格段のちがい。

好まれるパスタ

🇮🇹 **イタリア**
ロングパスタ **60**%
ショートパスタ **40**%

🇯🇵 **日本**
スパゲッティ **90**%

> イタリア全土のパスタの種類は **300種類** 以上！

バラエティに富むイタリアのパスタ

イタリアでは調理の手軽さもあり、ショートパスタが非常に普及しています。一方、日本ではスパゲッティだけが、約90%を占めています。イタリアには乾燥パスタや生パスタ、詰め物入りなど、300種類を超えるパスタがあるといわれています。基本のトマトソースはそのままに、パスタの種類を変えて食卓に変化をつけるイタリア人。毎日食べても飽きないように多様な種類があるとか。

どの食堂に入っても、その土地のパスタがある

第4章 パスタの基礎知識

年間1人あたりの トマト消費量

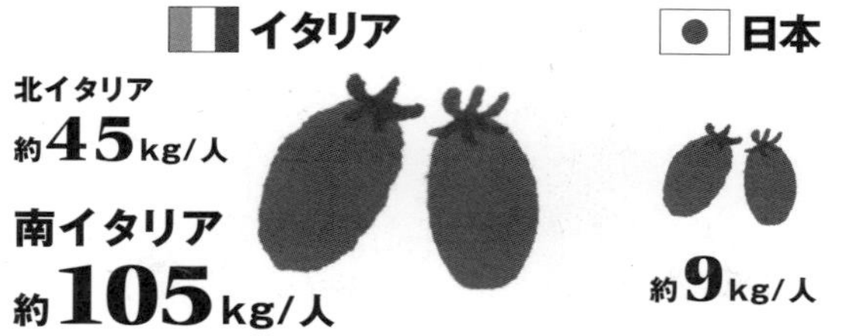

イタリア
北イタリア 約 **45**kg/人
南イタリア 約 **105**kg/人

日本
約 **9**kg/人

イタリアの食卓にはトマトが欠かせない

イタリアの食卓にはトマトソースのパスタが常連。それだけではなく、肉や魚料理、野菜の料理など、すべてにトマトソースを使います。もちろん、国内でのトマトの消費量は群を抜くものがあります。毎年夏の終わりには、トマトソースをまとめて作るのがイタリアのマンマの習慣。何十kgという単位でトマトの水煮を瓶詰にし、一年中大活躍するトマトソースに仕上げます。

半分に切ったトマトを天日で干し、ドライトマトにする場合も

知っトク豆知識

イタリアサッカーにも、パスタが不可欠?

実はスポーツ界でも注目されているパスタ。原料となる複合糖質(でんぷん質)は、体内に吸収されたとき、たんぱく質や脂肪よりも先に燃焼されて、すばやくエネルギーに変わります。つまり、スポーツマンの筋肉を効率よく動かし、スタミナや集中力を高めるのに効果的といわれているのです。実際にサッカーイタリア代表も国際試合や合宿時に食べているとか。イタリアサッカーが世界トップレベルなのはパスタのおかげ!?

パスタの栄養素(乾物100g中)

エネルギー	350kcal
糖質	70.0g
たんぱく質	13.0g
脂質	2.0g
食物繊維	2.7g

データ提供:社団法人日本パスタ協会

イタリアのさまざまなパスタの食べ方

ソースにからめて
トマトをはじめとする野菜や肉、魚のソースにからめて食べる基本の食べ方 

オーブンで焼いて
ラザニアのようなシートパスタは、ソースと一緒にオーブンで焼き上げる 

サラダにして
ステリーネやカペッリーニなどは粗熱をとった後、ビネガーとあえてサラダに 

スープに浮かべて
リゾッティやコンキリエ、カペッリーニなどはスープの浮き実として使うことも

本場 イタリアのパスタ事情 ❸ イタリア語から読み解くパスタ

Al freddo
アル フレッド
▶フレッドさんのパスタ

生ハム入りパスタ。フレッド（Freddo）さんがパンチェッタの代わりに、余った生ハムを使ったのが始まりだとか。「al」は「〜の」。

Aglio olio e peperoncino
アーリオ オーリオ ペペロンチーノ
▶にんにくとオリーブオイル、唐辛子のスパゲッティ

にんにく（Aglio）とオリーブオイル（olio）、唐辛子（peperoncino）だけのパスタ。食材が何もなくても作ることができるため、「絶望のパスタ」という名前も。

Amatriciana
アマトリチャーナ
▶アマルナ風のパスタ

トマトソースに豚肉や玉ねぎを加えたパスタ。ペコリーノチーズを使用するのがポイント。ラツィオ州アマトリーチェという町の名前を冠する。

Arrabbiata
アラビアータ
▶怒りんぼうのパスタ

唐辛子を効かせたトマトソースのパスタ。イタリア語で「怒り」という意味で、カッカッと怒っているように辛いので、この名前がついたといわれる。

132

Carbonara
カルボナーラ

▶炭焼き職人風のパスタ

パンチェッタ、卵黄、チーズ、黒こしょうのパスタ。黒こしょうが、炭の粉が飛んだように見えるので、この名前に。山にこもる職人のために、保存の効く食材を集めたという説も。

Marinara
マリナーラ

▶漁師風のパスタ

ナポリの船乗りがよく食べていたことから、この名前に。トマトににんにく、オレガノというシンプルなパスタ。

Pescatore
ペスカトーレ

▶漁師風のパスタ

魚介とトマトのスパゲッティ。漁師が売れ残りの魚介類を、トマトソースと煮込んで作ったのが始まりといわれる。

Puttanesca
プッタネスカ

▶娼婦風のパスタ

アンチョビにトマト、ケッパー、黒こしょうなどが入る。諸説あるが、忙しい娼婦が、あり合わせをごった煮にして食べたからとも。

Bolognese
ボロネーゼ

▶ボローニャ風のパスタ

トマトソースに肉を加えたラグー（煮込み）をからめたパスタ。食通の町ボローニャの名前を冠する。

Genovese
ジェノベーゼ

▶ジェノバ風のパスタ

リグーリア州ジェノバで生まれたパスタ。バジルに松の実、チーズ、オリーブオイルを加え、ペースト状にしたもの。

知っトク豆知識
知ると楽しいパスタの語源

パスタ
生地、練り物などの意味。日本語の「麺」とほぼ同義の意味を持つ代表的なスパゲッティは、「ひも」を意味する「spago（スパーゴ）」に由来する

カペッリーニ
「髪の毛」の意味。パスタの中で最も細く、髪の毛に似ている

ブカティーニ
マカロニのように真ん中に穴がある。「ブーカ」は「穴」の意味

リングイーネ
断面が楕円のパスタ。その形状から「小さな舌」という名前に

ファルファッレ
真ん中がきゅっと絞られた形状の、名前のとおり蝶のような形

ペンネ
最もスタンダードなショートパスタ。ペン先のようにとがった形でこの名前に

ペンネ・リガーテ
筋（リガーテ）が入ったパスタ。コンキリエ・リガーテなども

コンキリエ
くるりと丸まった形状の、名前のとおり、貝殻のような形をしたパスタ

ルマーケ
名前のとおり、かたつむりの殻のような形をしたパスタ

ステリーネ
星（ステラ）という名のとおり、小さな星が無数に集まったよう

本場イタリアのパスタ事情④

パスタは「スローフード」の代名詞

たくさんの料理を長い時間をかけて楽しむ

軽めの前菜に始まり、プリモ、メインのセコンド、そして最後のドルチェまで。たくさんの料理を、たっぷり時間をかけて楽しむのが、イタリア式の食事。実はイタリアは、スローフード運動の発祥地。バラエティに富んだ食文化と、豊かな時間の使い方を尊ぶ、イタリアならではの考え方です。

それぞれの土地には風土に合った特産物が

イタリアンのコース＝「スローフード」の理由

たくさんの料理を、時間をかけて食べるイタリアンは、スローフードの先駆け。

1 アンティパスト
（前菜）

量的には少なめで、サラダやマリネなど、野菜をたっぷり使ったものも多い。パスタがゆで上がるのを待ちながらつまむもの。

ハムやソーセージ、サラダなど

↓

2 プリモ・ピアット
（第一の皿）

パスタやリゾットなど炭水化物系の料理。食事の最初に炭水化物を摂取することで、血糖値の急激な上昇を抑えることができる。特にパスタの糖質は、胃腸への吸収が非常におだやか。次のメイン料理に備えて、胃腸を準備する。

パスタ、リゾットなど

↓

3 セコンド・ピアット
（第二の皿）

肉や魚などメインとなる料理。冬は煮込み料理、夏は焼きものなどが定番。各地方の旬の素材をたっぷり使った名物料理をぜひ。

肉・魚など メインディッシュ

↓

4 ドルチェ、カフェ

食事が終了してからオーダーする。フルーツやクリーム菓子、焼き菓子、ジェラートなど種類も豊富。カフェと一緒に。

ケーキ、ジェラートなど

134

第 4 章 パスタの基礎知識

独自の食彩
食材の王国・イタリアに根づく

地方ごとに郷土色が強い独自の食材を持っているのが、イタリアの特徴。

バルサミコ酢
〈エミリア・ロマーニャ州〉

ソースのようなビネガー。「tradizionale（伝統的な）」と名乗れるのは、エミリア・ロマーニャ州のモデナや、レッジョ・エミリア産のみ。

プロシュート
〈パルマ地方〉

イタリアといえば、この生ハム。世界的に有名なのはやはりパルマ産。最小限の塩分で1年以上熟成させたこだわりの品。

パルミジャーノ・レッジャーノ（パルメザンチーズ）
〈パルマ地方〉

パルマやレッジョ・エミリア地方を中心に作られる、イタリアを代表する硬質チーズ。料理はもちろん、美容食や子どもの離乳食など何にでも使われる。

サンマルツァーノ
〈カンパーニャ地方〉

アメリカ大陸から渡ってきたトマトを食材へと育てあげたナポリの特産。ソースにぴったりの、イタリアントマトの代表。

カラスミ（ボッタルガ）
〈サルディーニャ州〉

ぼらの卵巣を塩漬けした後、乾燥させた高級食材。スライスもしくはすりおろして、パスタやリゾット、サラダに使う。

トリュフ
〈ウンブリア州〉

白と黒があり、特に10～12月にかけて収穫される白トリュフは貴重。スライスしてさまざまな料理の風味づけとして使う。

アンチョビ
〈シチリア島周辺〉

イタリアの家庭では、調味料代わりに使われるかたくちいわしの塩漬け。特有の風味と塩味を生かし、さまざまな料理に。

知っトク豆知識

D.O.P.とは？

イタリアの原産地名称保護制度。ワインやチーズなど伝統的な食材に対し、指定エリア内で、かつ品質などの基準を満たすもののみに、そのエリアの名称をつけて販売することを許可する制度。

パスタの用語事典

本文中で詳細にふれられなかった種類のパスタや、レシピを作るうえで知っておきたい、食材に関するイタリア語を解説します。

besciamella ベシャメッラ
ベシャメルソースもしくはクリームソース。生クリームと小麦粉を牛乳でのばしたもの。北部のパスタに多用される。→P21参照

bianco ビアンコ
白。「vino bianco（ヴィーノ ビアンコ）」で白ワイン。また、「vongole bianco（ボンゴレ ビアンコ）」はあさりのオイルソースパスタ。

brodo ブロード
ブイヨン、スープ。野菜ブロード「brodo vegetale（ブロード ヴェジターレ）」は、野菜スープの意。→P23参照

C

cannelloni カネロニ
イタリア語で管の意味。薄板状の生地を正方形に切り、その中央に詰め物を並べて、筒型に巻いた手打ちパスタ。乾燥ラザニアで代用することもある。→P50参照

cantina カンティーナ
ワイン醸造所または貯蔵庫、ワイナリー。家庭にあるワインセラーのことも指すこともある。→P92参照

A

aceto アチェート
ワインビネガーを指すことが多い。ほかのビネガーは「aceto di-」の後に材料名が入る。→P119参照

aglio アーリオ
にんにく。ペペロンチーノをはじめとするパスタのほか、さまざまな料理に使用。→P53、114参照

agnolotti アニョロッティー
ピエモンテ地方の詰め物入りパスタ。ひき肉を中心にいろいろな材料を混ぜ合わせた詰め物を包んだ、正方形または丸形のパスタ。ラビオリと呼ばれることもある。→P95参照

al dente アルデンテ
パスタの理想的なゆで上がりの状態。麺の中心に髪の毛の細さほどの芯を残してゆで上げること。直訳すると「歯（dente）に〜」となり、麺の歯ごたえがある状態を示す。→P17参照

B

basilico バジリコ
バジル。パスタで使用する、代表的なハーブの一種。→P113参照

第4章 パスタの基礎知識

することを許可した制度。よく似た名称の「D.O.C.」はイタリア産ワインだけに適用される、原産地と品種を規定する呼称。
→P92、135参照

E

erba aromatica　エルバ・アロマーティカ

香草類。パスタなどでよく使われるのはバジルやオレガノ、ローズマリーなど。
→P113参照

F

fagioli　ファジョーリ

いんげん豆。白いんげんを指すことが多い。単数形は「fagiolo（ファジョーロ）」。
→P117参照

finocchio　フィノッキオ

フェンネル、またはういきょう。栽培種は根元の部分を食用とし、スープやサラダに使う。
→P114参照

formaggio　フォルマッジョ

チーズ。モッツァレラなど、牛乳を使用した生タイプのチーズは「fior di latte（フィオル ディ ラッテ）」。→P115参照

cappero　カッペロ

ケッパー。フウチョウボクの花のつぼみを塩漬け、または酢漬けにしたもの。
→P117参照

carciofo　カルチョーフォ

アーティチョーク。朝鮮アザミのつぼみ。イタリアでは最も栽培されている野菜の一種。
→P114参照

corzetti　コルゼッティ

リグーリア地方の、平たい円形の生パスタ。花柄などの模様が型押しされ、見た目にもかわいい。くるみのソースにからめて食べることが多い。→P95参照

cuscus　クスクス

アラブ起源のパスタ。硬質小麦の練り粉を米粒状に細かくほぐした状態のこと。生麺が一般的だが、イタリアやフランスでは乾燥ものも販売されている。→P123参照

D

D.O.P.　ディーオーピー

原産地名称保護制度（Denominazione di Origine Protetta）。ワインやチーズ、加工肉製品などの伝統的な食材に対して、品質管理と原産地保護のため、エリアと品質の規定を満たすもののみ、原産地の名称をつけて販売

パスタの用語事典

P

pancetta パンチェッタ
豚のバラ肉を塩漬けにしたもの。生のベーコン。カルボナーラなどに使用。→P116参照

peperoncino ペペロンチーノ
唐辛子。さまざまな色や形、味がある。
→P52、114参照

pici ピチ
トスカーナ地方のパスタ。生地を手でひも状にのばしたようなもので、形はうどんにも似ている。→P76、96参照

pomodoro ポモドーロ
トマト。種類により、生食用と加熱調理用、ソース用などに使い分けられる。「pomodorini（ポモドリーニ）」はミニトマト。
→P52、112参照

prosciutto プロシュート
豚のもも肉を塩漬けにして乾燥させたハム。生ハムを指すことが多い。「-crudo（クルード）」は生ハム、「-cotto（コット）」は熱処理をしたハム。→P116参照

frittata フリッタータ
厚焼きの卵焼き、またはオムレツ。玉ねぎやアスパラガスなど、台所にあるものを具にする。ゆですぎたパスタなどを入れることも。
→P108参照

funghi フンギ
きのこ。ポルチーニ「funghi porcini」などが代表的。単数形は「fungo（フンゴ）」。
→P117参照

M

minestra ミネストラ
具の多いイタリア風スープ。またはパスタ以外のプリモ・ピアットのこと。

O

olio オリオ
オリーブオイルを指すことが多い。ほかのオイルは「olio di-」の後に材料名が入る。
→P118参照

oliva オリーヴァ
オリーブの実。オリーブオイル「olio di oliva（オリーブディオリーヴァ）」の原料になる。
→P117参照

spinacio スピナーチョ

ほうれん草。練り物パスタの色づけや詰め物などにも使われる。イタリア産は肉厚。
→P11、64参照

T

testaroli テスタローリ

イタリア最古の生パスタといわれる、トスカーナ地方伝統のパスタ。水で練った粉をクレープのように焼いてからゆで、それにソースをからめて食べる。→P96参照

Z

zucca ズッカ

かぼちゃ。ニョッキやラビオリの具など、用途は多様。ズッキーニ「zucchina（ズッキーナ）」は小さなかぼちゃという意味。
→P73、86、114参照

R

ragu ラグー

煮込んだソース。ミートソースを指す場合が多い。フランス語が語源。→P28参照

riso リーゾ

主にリゾット用に使われる米。北イタリアの平野を中心に生産される。米型のパスタはリゾッティという。→P10、42参照

rosso ロッソ

赤。「vino rosso（ヴィーノ ロッソ）」で、赤ワイン。「vongole rosso（ボンゴレ ロッソ）」はあさりのトマトソースパスタ。

S

salsiccia サルスィッチャ

ソーセージ。香辛料やハーブが入った腸詰。生食用もある。→P116参照

semolino セモリーノ

デュラム小麦のセモリナ粉。硬質小麦を二度びきしたもの。→P8、126参照

イタリアを代表する
パスタメーカー一覧

バリラ
輸入元：日本製粉

1877年、パルマで創業したパスタメーカーの老舗。イタリアでNO.1のシェアを誇る高品質のパスタ。良質のたんぱく質を含んだ麺で、ゆで上がりのアルデンテに定評がある。

ディ・チェコ
輸入元：日清フーズ

日本でも非常に手に入りやすい、定番パスタ。しっかりとした歯ごたえと確かな喉ごしのアルデンテに定評がある。パスタの表面にざらつきがあり、ソースがからみやすい。

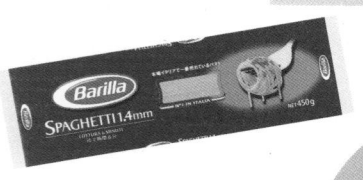

イタリアで人気の高いパスタ

ヴォイエロ
輸入元：日本製粉

最近までイタリアでも入手困難で「幻のパスタ」と呼ばれていた、ナポリ伝統のパスタ。乾燥パスタ発祥の地ともいわれる南イタリアで自然乾燥にこだわり、小麦の風味をしっかり残した味わい。

アントニオアマート
輸入元：モンテ物産

サレルノ地方で生まれた、南イタリアNO.1といわれるパスタ。天日に近い低温で長い時間をかけて乾燥させるため、小麦本来のうまみと香り、栄養価を損なうことなく製品化している。

第 4 章　パスタの基礎知識

数多いイタリアのパスタメーカーの中でも、
日本で比較的手に入りやすく、
確かな味わいと品質を持つメーカーをいくつか紹介します。

マルテッリ
輸入元：稲垣商店

1926年トスカーナ州に設立されて以来、最高品質の乾燥パスタと高く評価されてきた。注意深く練られた生地を、50時間ほどかけて自然乾燥させるという、伝統の製法を守る。

ラ・テラ・エ・イル・チェロ
輸入元：ラ・テラ・エ・イル・チェロ,ジャパン

有機栽培法で栽培された小麦のみを使用し、その日の天候や気温、湿度などの諸条件に配慮した、伝統的な製法で作られる。また、低温・長時間乾燥製法を徹底することにより、小麦が持つ本来の栄養分や独特のうまみをそのまま残している。

こだわりの 高品質 パスタ

ジロロモーニ
輸入元：創健社

選ばれた生産農家が、有機栽培したデュラムセモリナのみを使用。風味や栄養成分を壊さないように、長時間かけて低温乾燥。小麦そのもののおいしさを味わうことができる。

アルチェネロ
輸入元：日仏貿易

1970年代初頭、イタリア中部に誕生したオーガニックの先駆者的ブランドで、パスタには化学肥料や農薬に頼らず、人の手だけを使った有機農法で育てたイタリア産小麦を使用している。

協賛インポーター・メーカー 一覧

食材

トマトホール、ダイストマト／スピガドーロ **B** P112
オイル漬ドライトマト／クレスピ **C** P112
アンチョビフィレオイル漬／バレーナ **C** P116
カラスミ（ボッタルガ　ムジネ）**H** P116
塩水漬オリーブ 黒／クレスピ **C** P117
エクストラ・ヴァージン・オリーブオイル、ピュア・オリーブオイル／ベルトーリ **B** P118
エクストラ・ヴァージン・オリーブオイル／サジターリオ **C** P118
エクストラ・ヴァージン・オリーブオイル／サンヴィート **A** P118
アチェート・バルサミコ、ワインビネガー／アドリアーノ・グロソリ **B** P119
アチェート・バルサミコ EX 8年／ジュゼッペ・ジュスティ **C** P119
サーレ・グロッソ／モティア **B** P119

パスタ

ディ・チェコ **D** P140
アントニオアマート **B** P140
バリラ **E** P140
ヴォイエロ **E** P140
ラ・テラ・エ・イル・チェロ（ブロンズパスタ・リングイネ、ホワイトパスタ・カバタッピ）**A** P141
マルテッリ **C** P141
アルチェネロ **F** P141
ジロロモーニ **G** P141

輸入元

D
日清フーズお客様相談室
0120-24-4157
〒101-8441
東京都千代田区神田錦町1-25

E
日本製粉お客様センター
0120-184157
〒151-8537
東京都渋谷区千駄ヶ谷5-27-5

F
日仏貿易株式会社
0120-003-092
〒100-0013
東京都千代田区霞が関3-6-7　DF霞が関プレイス

A
有限会社ラ・テラ・エ・イル・チェロ, ジャパン
03-6663-8820
〒144-0052
東京都大田区蒲田5-18-1

B
モンテ物産株式会社
0120-348566

C
稲垣商店
03-3462-6676
〒150-0035
東京都渋谷区鉢山町7-5

食器

ニッコー株式会社（東京マーケティングセンター）
☎03-3663-5591
〒103-0001
東京都中央区日本橋小伝馬町14-4 ランディック第3日本橋ビル4F／5F

24cmパスタプレート（黄）13776Y-0324 ¥1900
P91
24cmパスタプレート（緑）13776G-0324 ¥1900
P45、69、81
21cmスープ／パスタ皿（橙）50229F-0321A
¥1900　P43、75
21cmスープ／パスタ皿（緑）50222B-0321A
¥1900　P1、105
30cmフィッシュプラター（白）50230-4060
¥2200　P73、89、101
25cmオーバルボール（茶）59700-4379 ¥2000
P99

ワイン

ベッレンダ プロセッコ・ヴァルドッビアーデネ・ブリュット／ヴェネト州 B P92
ランブルスコ・スクーロ ノストラーノ／エミリア・ロマーニャ州 I P92
フォンタナフレッダ バルベーラ・ダルバ／ピエモンテ州 B P92
ヨーリオ モンテプルチアーノ・ダブルッツォ／マルケ州 B P92
ジュゼッペ・リナルディ バローロ・ブルナーテ・レ・コステ／ピエモンテ州 C P92
ヴィッラ・ローザ キャンティ・クラッシィコ・リゼルヴァ／トスカーナ州 C P92

□写真提供
イタリア政府観光局（ENIT）
日清製粉株式会社

□参考文献
『パスタ・ベジターレ』伊崎裕之著、柴田書店
『クチーナ・ベジターレ』伊崎裕之著、柴田書店
『イタリアの食堂ゴハン』ピエ・ブックス
『イタリアの食卓 おいしい食材 どう食べるか、どんなワインと合わせるか』林茂著、講談社
『いちばんやさしいイタリア料理』長本和子監修、成美堂出版
『決定版 新パスタ宝典』ヴィンチェンツォ・ブオナッシージ著、西村暢夫 他 訳、読売新聞社
『フィレンツェ 四季を彩る食卓』杉本あり著、東京書籍

G
株式会社創健社　お客様相談室
☎0120-101-702
〒221-8741
横浜市神奈川区片倉2-37-11

H
地中海フーズ株式会社
☎042-799-6607
〒194-0004
東京都町田市鶴間1-16-11

I
有限会社サム・インター
☎03-6807-7080
HP http://www.saminter.co.jp

監修　伊崎裕之（いざき　ひろゆき）

1959年生まれ。「ブイトーニ」「赤坂グラナータ」「イル・ボッカローネ」「A.D.K」を経て、2001年2月千駄ヶ谷に「アッラ・クチーナ・デル・ソーレ」、2007年8月有楽町に「ベル・グラッツィア・デル・ソーレ」をオープン。メニュー構成は、有機栽培の野菜やパスタ、産地直送の魚介類を中心としたもの。太陽と大地の恵みがたっぷりの、体と環境に優しいイタリアンを提供している。主な著書に『クチーナ・ベジターレ』『パスタ・ベジターレ』（ともに柴田書店）がある。

アッラ・クチーナ・デル・ソーレ
〒151-0051　東京都渋谷区千駄ヶ谷4-22-4
tel 03-3479-4640

ベル・グラッツィア・デル・ソーレ
〒100-0005　千代田区丸の内3-1-1 国際ビル地下1階
tel 03-5220-3300

装幀	石川直美（カメガイ デザイン オフィス）
撮影	村岡栄治、清水亮一・渡邊裕未（アーク・フォトワークス）
構成	山村奈央子
本文イラスト	小林晃
本文デザイン	落合あや子（アーク・ビジュアルワークス）
編集協力	松田明子（アーク・コミュニケーションズ）
編集	鈴木恵美（幻冬舎）

知識ゼロからのパスタ入門

2010年6月25日　第1刷発行

監修者　伊崎裕之
発行人　見城　徹
編集人　福島広司

発行所　株式会社 幻冬舎
　　　　〒151-0051　東京都渋谷区千駄ヶ谷4-9-7
　　　　電話　03-5411-6211（編集）　03-5411-6222（営業）
　　　　振替　00120-8-767643

印刷・製本所　株式会社 光邦

検印廃止

万一、落丁乱丁のある場合は送料小社負担でお取替致します。小社宛にお送り下さい。
本書の一部あるいは全部を無断で複写複製することは、法律で認められた場合を除き、著作権の侵害となります。
定価はカバーに表示してあります。

©HIROYUKI IZAKI, GENTOSHA 2010
ISBN978-4-344-90191-9 C2077
Printed in Japan
幻冬舎ホームページアドレス　http://www.gentosha.co.jp/
この本に関するご意見・ご感想をメールでお寄せいただく場合は、comment@gentosha.co.jpまで。